Gesund und schön durch Algen

Gudrun Dalla Via

Gesund und schön durch Algen

Rezepte für Küche
und Kosmetik

Mein besonderer Dank gilt
Prof. Dr. Bruno La Rocca
für seine wissenschaftliche Beratung

Zu den Rezepten: Die Abkürzungen bei den Mengenangaben bedeuten: EL = Eßlöffel, TL = Teelöffel, Msp. = Messerspitze, Tr. = Tropfen.

Die Informationen und Rezepte in diesem Buch sind von Autorin und Verlag nach bestem Wissen und Gewissen sorgfältig erwogen und geprüft, stellen aber keinen Ersatz für medizinische Betreuung jeglicher Art dar. Autorin und Verlag übernehmen keinerlei Haftung für etwaige Personen- oder Sachschäden, die sich aus Gebrauch oder Mißbrauch der in diesem Buch aufgeführten Anwendungsmöglichkeiten und Rezepte ergeben.

Bildquellen: S. 9, 15, 19, 41: Prof. Dr. Bruno La Rocca, Treviso, Italien; S. 20: Prof. Michael Melkonian, Botanisches Institut, Universität Köln; S. 37: Cornelis Gollhardt und Stephan Wieland, Köln; S. 39, 55: Schwarzbrot Naturspeisenwaren, Hamburg (Exclusivimporteur der Fa. Muso, Osaka, Japan); S. 44: Annegret Stuhr, Marine Planktologie, Universität Kiel; S. 57: Cornelis Gollhardt, Stephan Wieland und Jörg Zaber, Düsseldorf.

Umschlagfoto: Udo Schilling, Biologische Anstalt Helgoland
Umschlaggestaltung und Grafiken: Christa Kochinke, Köln
Redaktion: Martina Weihe-Reckewitz
Lektorat: Alexandra Panz
Produktion: Ilse Rader
Satz: Typo Forum Gröger, Singhofen
Druck: Universitätsdruckerei Stürtz, Würzburg
Printed in Germany
ISBN 3-8025-1331-2

Die Deutsche Bibliothek – CIP-Einheitsaufnahme

Dalla Via, Gudrun:
Gesund und schön durch Algen : Rezepte für Küche und Kosmetik / Gudrun Dalla Via. – Köln : vgs, 1997
ISBN 3-8025-1331-2

Inhalt

Das Meer –
Ursprung des Lebens

Das Leben auf unserem Planeten ist im Schutz des Meeres entstanden. In der Geschichte der Evolution stehen Algen ganz am Anfang. Zunächst handelte es sich um winzige Einzeller, denen es gelang, das Sonnenlicht als Energiequelle zu nutzen und mit dieser Hilfe aus Kohlendioxid und Meerwasser sowie darin gelösten Mineralien organische Substanzen aufzubauen. Bei diesem als Photosynthese bezeichneten Vorgang wird – quasi als Abfallprodukt – Sauerstoff frei. Sauerstoff stellt die Grundlage für alles Leben dar, das heute existiert. Die Algen sind über die Jahrmillionen hinweg »primitiv« geblieben, und womöglich liegt darin der Grund für ihre außerordentliche Kraft und Vitalität, denn sie beherbergen ein großes Reservoir an Spurenelementen, Mineralien und Vitaminen.

Die Lebensweise der Algen ist auch heute noch sehr einfach organisiert: Mineralstoffe werden

Osmose

Algen haben bis heute keine Wurzeln zur Aufnahme von Mineralstoffen oder Wasser entwickelt. Da ein Großteil von ihnen die meiste Zeit von Wasser umgeben ist, können sie sich durch Osmose ernähren. Bei Algen, die sich an Land angesiedelt haben, genügen die Niederschläge zum Überleben.

Als Osmose bezeichnet man die Diffusion (passiver Transport) von gelösten Teilchen eines Stoffes und dem Lösungsmittel durch Membranen entlang eines Konzentrationsgefälles. In biologischen Systemen sind diese Membranen häufig semipermeabel (halbdurchlässig), so daß das Lösungsmittel (meistens Wasser) von Orten niedriger Konzentrationen zu Orten höherer Konzentrationen wandert, bis ein Konzentrationsausgleich stattfindet. Bei permeablen (vollständig durchlässigen) Membranen diffundiert die gelöste Substanz bis zum Ausgleich von Orten höherer zu Orten niedrigerer Konzentrationen.

per Osmose aufgenommen, das heißt, Mineralsalze und Spurenelemente aus dem Meer gelangen über ein Konzentrationsgefälle direkt durch die Zellwände in das Innere. Das ist in etwa so, als ob wir uns Butter und Marmelade auf den Arm strichen und dadurch satt würden. Dabei gedeihen die Algen prächtig und strotzen nur so vor Nährstoffen, die für Mensch, Tier und sogar für den Erdboden von großem Wert sind.

Aber selbst wenn wir weder direkt noch indirekt Algen zu uns nehmen wollten – was übrigens schwierig ist, da sie in vielen Lebensmitteln versteckt sind, zum Beispiel als Bindemittel –, kommen wir allein schon deshalb nicht an ihnen vorbei, weil sie durch die Photosynthese einen Großteil des notwendigen Sauerstoffs produzieren. Wir sind zwar zu Recht über das rapide Sterben der Regenwälder besorgt, dabei bedenken wir allerdings in der Regel nicht, daß etwa 70 Prozent des Sauerstoffs in den Weltmeeren produziert werden. Die NASA hat sich diese Tatsache bereits zunutze gemacht: In U-Booten und Raumschiffen gab es stets Probleme mit der Frischluft und der Entsorgung von Abfällen. Mitgeführte Algen konnten in beiden Fällen Abhilfe schaffen.

Möglicherweise könnten Algen in der Zukunft zur Lösung des Ernährungsproblems in der Welt beitragen. Sie wachsen sehr schnell, sind anspruchslos und ihr Eiweißgehalt ist so hoch, daß er zum Beispiel den der Sojabohne bei weitem übertrifft.

■ *Algen – vielseitig verwendbar*

Seit Jahrtausenden werden Algen in der Ernährung, in der Medizin und in begrenztem Umfang auch in der Landwirtschaft genutzt. In neuester Zeit ist man zudem zu intensiver industrieller Ausbeutung übergegangen, weil andere Rohstoffe für Treibstoff, Düngemittel oder zur Papierherstellung knapper wurden.

Den Themen Kosmetik, Gesundheit und Ernährung ist in diesem Buch jeweils ein gesondertes Kapitel gewidmet. Auf andere, unbekanntere Verwendungsmöglichkeiten wollen wir im folgenden nur kurz eingehen.

Düngung und Bodenverbesserung

Angesichts der Fülle von Mineralstoffen, die Algen enthalten, liegt die Möglichkeit nahe, das inzwischen fast überall auf der Welt recht ausgelaugte Ackerland zu düngen. Weiterhin eignen sich Algen ideal zur Bodenbedeckung, weil sie außerdem die Wasserverdunstung und damit die Austrocknung verzögern und bodenlebende Organismen wie Würmer, Pilze und Bakterien fördern. Zu diesem Zweck können Algen ganz, zerkleinert oder kompostiert auf oder in den Boden gebracht werden.

Allerdings muß man dabei beachten, daß Meeresalgen verhältnismäßig salzhaltig sind und folglich nicht in unbegrenzter Menge eingesetzt werden können. Bei ausgewaschenen Böden, vor allem in Hügellandschaften, kann dabei großzügiger verfahren werden als bei solchen, die trokkengelegt wurden, womöglich sogar dem Meer abgerungen sind und folglich noch einen hohen Gehalt an Natrium aufweisen. In Frankreich werden Algen aus der Familie der *Corallinaceae* aufgrund ihres Reichtums an Calcium und Magnesium dazu verwendet, die an Mineralstoffen armen Böden damit anzureichern.

Auch für den Kleingärtner und andere Pflanzenliebhaber sind Algen von Interesse, denn es gibt fertige Algenextrakte, die dem Gießwasser beigefügt werden können. Sie fördern die bodenlebenden Mikroorganismen und verbessern so die Ernährungssituation der Pflanzen. Außerdem kann man Algen, ähnlich wie einen Brennnesselsud, in Süßwasser »ansetzen«, ein paar Tage stehenlassen und das Wasser, das sich zwischenzeitlich mit Mineralstoffen aus den Algen angereichert hat, dann als Gießwasser benutzen. Besonders nach dem Umsetzen oder dem Eintopfen von jungen Pflanzen und bei Schädlingsbefall ist die Methode sehr erfolgreich, da die Pflanzen durch diese Behandlung ungemein gestärkt werden.

Algen sind sehr gut als Dünger und zur Bodenbedeckung einsetzbar, weil ihr Pflanzenmaterial den Wasserverlust verringert und gerade ausgelaugten Böden und jungen Pflanzen viele wichtige Mineralstoffe liefert.

Viehfutter

Tiere brauchen und mögen Salz. Wer hat nicht schon einmal Salzlecksteine in Wäldern oder auf Weiden gesehen? Vor allem in höher gelegenen Gebieten, in denen der Boden und folglich auch die Vegetation nicht besonders natriumhaltig sind, müssen die Tiere zusätzlich mit Mineralien versorgt werden. Dazu kann man statt der Salzlecksteine auch sehr gut Algen dem Futter beimischen, denn diese enthalten neben Salz auch

Cellulose, Vitamine und wichtige Mineralstoffe. Die Tiere scheinen Algen zu mögen und gedeihen damit prächtig.

Man kann dazu die ganze Pflanze, halbfrisch oder getrocknet, oder zerteilte und zermahlene Algen verwenden. Viehfutter aus Algenmehl wird hauptsächlich aus *Laminaria*-Algen hergestellt, aber auch aus *Macrocystis*, *Undaria* und *Fucus*, die alle der Klasse der *Phaeophyceae* (Braunalgen) angehören.

Am Strand, wo Algen reichlich angespült werden und womöglich schon von der Sonne und dem Wind getrocknet sind, kann man sie auch sammeln und als Streu fürs Vieh benutzen, das gerne auf der weichen und duftenden Unterlage ruht. Nachher können die Algen dann zusammen mit dem Mist kompostiert werden.

Übrigens ist der Geruch im Stall sehr viel angenehmer, wenn statt Stroh Algen verwendet werden, und sie scheinen zu einer geringeren Verbreitung von schädlichen Mikroorganismen zu führen.

Natürliche Kläranlagen

Algen sind ganz bestimmt sehr viel besser als ihr Ruf. Touristen, die an bestimmten Küstenstrichen eine »Algenblüte« erlebt haben – der Ausdruck ist natürlich falsch, denn Algen blühen nicht –, haben sich wahrscheinlich angewidert abgewendet. Aber das, was so unappetitlich aussah, waren womöglich gar nicht die Algen selbst, sondern jede Art von Strandgut, das sich in den Algen verfangen hatte und nun auf der Wasseroberfläche hin- und herschwappte. Die Algen selbst haben nur das getan, was sie seit Urzeiten tun und wozu sie heute sogar im großen Rahmen vom Menschen eingesetzt werden: Unter optimalen Wachstumsbedingungen vermehren sie sich stark und reinigen die Gewässer.

Gerade in stark verschmutzten Gewässern, sei es durch Abwässer aus menschlichen Siedlungen, sei es durch Nitrate oder Phosphate, die von Industrie, Privathaushalten und der Landwirtschaft über die Flüsse ins Meer getragen werden, sorgen viele Algen für eine Verringerung der Schadstoffe.

Weiterhin halten sie die Zahl der Mikroorganismen gering – darunter auch viele für den Menschen schädliche. Zwar fressen Algen die Bakterien und andere Mikroorganismen nicht, aber sie treten als Nahrungskonkurrenten auf, das heißt, sie machen ihnen das Futter, beispielsweise Nitrate und Mineralstoffe, streitig. Ihr Wachstum kann so weit führen, daß die Algen eine dichte Schicht in der Nähe der Wasseroberfläche bilden. Dann übersteigt der Sauerstoffverbrauch die -produktion – vor allem bei Nacht, wenn die Algen nur noch Sauerstoff veratmen, aber keinen mehr freisetzen, weil das nötige Sonnenlicht fehlt. Unter diesen Bedingungen mangelt es den Fischen in größeren Tiefen an Sauerstoff.

Mit anderen Worten, in den oberen Schichten entwickelt sich das Leben übermäßig, weiter unten herrscht dagegen Sauerstoffmangel. So sieht man dann zuweilen größere Mengen von toten Schalentieren oder Fischen an der Wasseroberfläche treiben. Der Zersetzungsprozeß der toten Tiere und abgestorbenen Algen trägt weiter zur Sauerstoffzehrung bei. Wenn nicht starker Wellengang durch Wind und Gezeiten das Ganze durchmischt und so Sauerstoff in die tieferen Schichten gelangt, dann vermehren sich die anaeroben Bakterien übermäßig. Diese Mikroorganismen leben ohne Sauerstoff und beschleunigen die Verwesung, bilden dabei aber Schwefelwasserstoff, der für Fische und Schalentiere giftig ist. Es handelt sich also um einen Teufelskreis. Der pH-Wert des Meeres, die Leitfähigkeit des Wassers und andere Merkmale verändern sich, und es dauert einige Zeit, bis sich das Meer regeneriert hat.

In Bezug auf den Einsatz von Algen als natürliche Kläranlagen, hat die Weltgesundheitsorganisation (WHO) ein Projekt initiiert, mit dem Abwässer durch Algen gesäubert werden können. In verschiedenen Ländern werden bereits praktische Versuche dazu durchgeführt. So ist an den Atlantikküsten Frankreichs ein »Gürtel« aus *Lactuca*-Algen angelegt worden, die Nitrate »entsorgen« und damit den Stoffkreislauf schließen: Die Nitrate kommen als Düngemittel mit den Algen wieder auf das Ackerland zurück, von dem sie ausgeschwemmt wurden. Auf den Philippinen werden die Abwässer der Stadt Manila in großen Bekken gesammelt und mit Hilfe von Algen gereinigt.

Energiegewinnung

In Italien, genauer gesagt in Rovigo, am Centro per gli Studi e le Applicazioni delle Risorse Energetiche (Zentrum zur Untersuchung und Anwendung von Energiequellen) und mit Unterstützung des CNR (Centro Nazionale Ricerche, staatliches Forschungsinstitut) und der Europäischen Gemeinschaft sind erfolgreiche Untersuchungen über die Herstellung von Biogas aus angeschwemmten Algen durchgeführt worden. Verschiedene Algen wurden anaerob, das heißt ohne Sauerstoffzufuhr, bakteriell »verdaut«. Aus der Cellulose der Algen wird durch den Verdauungsvorgang »Biogas« produziert und dann technisch als Energiequelle nutzbar gemacht. Dabei erzielte man gute Erfolge mit Algenarten, die verhältnismäßig dünne Zellwände besitzen, zum Beispiel *Ulva rigida*, *Gracilaria confervoides* und *Enteromorpha*. Auch in den Vereinigten Staaten wurden Ergebnisse ähnlich erfolgreicher Studien veröffentlicht.

Doch eigentlich sind Algen viel zu schade, um allein den unersättlichen Energiehunger der Menschheit zu stillen. Wahrscheinlich wäre es auch unwirtschaftlich, wollte man sie eigens zu diesem Zweck »fischen«.

Forscher des SERI-Instituts (Solar Energy Research Institute) in Golden, Colorado sind davon überzeugt, daß man den Fettanteil bestimmter Mikroalgen zur Gewinnung großer Mengen von flüssigem Treibstoff verwerten kann. Ihrer Ansicht nach könnte dadurch selbst dem Erdöl Konkurrenz gemacht werden.

Die Forscher aus Golden glauben sogar, daß ihre Technik zur Reduzierung der Umweltverschmutzung beitragen könnte, weil Algen durch die Photosynthese Kohlendioxid verzehren, Sauerstoff freisetzen und so das Klima verbessern und den Treibhauseffekt abschwächen. Man brauchte also (zumindest theoretisch) nur das Kohlendioxid der Industrieabgase in das Wasser zu leiten, in dem die Algen wachsen, und danach den Algenüberschuß, der durch starke Vermehrung entstanden ist, in kostengünstigen Treibstoff zu verwandeln.

Papierherstellung

Verschiedene Betriebe bieten inzwischen Papier aus Algen an, das sehr hübsch aussieht. Allerdings besteht nicht das ganze Papier aus Algen. Zwar sind sie reich an Cellulose wie auch die Bäume, haben aber nicht genug »Struktur«, das heißt sie sind meistens nicht faserig genug und ihre Fasern sind zu kurz. Daher werden sie in der Regel nur als »Beigabe« genutzt. Dank ihres Reichtums an Pektinen und polymeren Substanzen bestehen zwischen 20 und 40 Prozent dieser Papiere aus Algen.

Bislang wäre es – noch – zu unwirtschaftlich, Algen eigens aus dem Meer zu holen, um Papier daraus zu machen. Wenn es allerdings Algen im Überfluß gibt, die womöglich am Strand oder in einer Lagune stören und deshalb ohnehin entsorgt werden müssen, dann ist die Verwendung in der Papierindustrie durchaus ein interessanter Weg.

Textilindustrie

In Ostasien ist es schon lange üblich, Seide mit einem Extrakt aus *Gloiopeltis*-Algen ein besseres Aussehen, höhere Festigkeit und mehr Glanz zu verleihen. Dies könnte für die Zukunft auch in der heimischen Textilindustrie eine interessante Verwendungsmöglichkeit für Algen sein.

Porzellanindustrie

Bemaltes Porzellan – eine Kunst, die Gott sei Dank noch nicht ganz in Vergessenheit geraten ist und zum Beispiel in der Gegend um Venedig noch weitgehend handwerklich betrieben wird. Die *Gloiopeltis*-Algen werden auch für die Herstellung von Porzellanfarben verwendet.

Fotoindustrie

Filme bestehen aus Zelluloid oder – genauer gesagt – aus einer Art Gelatine, die häufig aus Algen gewonnen wird.

Forschung

Zur Kultivierung von Mikroorganismen benötigt man einen einheitlichen Nährstoff. Aus Agar-Agar, einem speziellen Algenextrakt, werden unter anderem Nährböden für Bakterien und Pilze hergestellt.

Füll- und Isoliermaterial, Reinigungsmittel

Für diese Zwecke spielen vor allem die »geologischen Algen« eine Rolle. Das sind fossile Ablagerungen, die oft bis zu 1000 Meter dick sind. Man findet sie im ganzen Mittelmeerraum, zum Beispiel in Sizilien, Tunesien und Frankreich, aber auch in Kalifornien. Zum Abschmirgeln eignet sich die Silicium-Substanz aus fossilen Braunalgen vorzüglich, ebenso als absorbierende Schicht in großflächigen Filtern oder als Beimischung zu feuerfestem Material, als Verpackungs- und Füllmaterial sowie als Zutat zu stark deckenden Lacken.

Und noch ein paar kuriose Dinge, bei deren Herstellung Algen oder Algenextrakte Verwendung finden:

- *Raumspray, Sprengstoff, Bleikristall und Leim,*
- *beim Emulgieren von Industrieölen,*
- *zum Festigen von abrutschendem Gelände,*
- *zum Weichmachen oder Konservieren von Textilien wie Baumwolle, Leinen, Wolle sowie Papier, Karton und Leder.*
- *Linoleum, Plastik (z. B. Spielzeug), Lacke, Teer, Gummi und andere Stoffe enthalten oft Zusätze von Alginaten, da diese die Legierung dauerhafter machen.*

Algen selber sammeln

Algen für den Eigenbedarf zu sammeln, ist relativ ungefährlich. Von den Zehntausenden Algenarten gibt es nur ganz wenige, die toxisch sind.

Diese leben nicht in unseren Breitengraden, sondern man findet sie nur im offenen Pazifik. Es ist also nicht so wie bei den Pilzen, die man unbedingt kennen sollte, bevor man sie sammelt und womöglich verzehrt.

Vorsichtig sollte man aber bei Wasserpflanzen sein, die keine Algen sind. Sie müssen zwar nicht unbedingt toxisch sein, wirken aber oft sehr unangenehm. Außerdem sind nicht alle Pflanzen – einerlei ob Algen oder nicht – genießbar, vor allem, wenn ihre Faserstrukturen zu hart sind.

Die häufigste Begegnung mit Algen, zumindest für den »normalen« Urlauber, findet am Strand statt, an den die Brandung sie häufig anspült. Dabei handelt es sich aber meistens um Algen, die nicht mehr ganz frisch sind und womöglich schon Stunden, Tage oder sogar noch länger dort liegen. Am besten ist es, man »erntet« Algen gleich frisch vor Ort, also an Felsen und Steinen, wo sie wachsen.

Außerdem sollte man darauf achten, daß man in sauberem Wasser sammelt, in ausreichender Entfernung von Stellen, an denen Abwässer eingeleitet werden, aber auch weit weg von Flußmündungen, in denen Wasser aus landwirtschaftlich genutzten Gebieten ins Meer gelangt. Die Algen selbst werden zwar oft sehr gut mit den verschiedenen Substanzen fertig und gedei-

hen meistens prächtig dabei, aber es ist nicht auszuschließen, daß sie einen relativ hohen Gehalt an Schadstoffen aufweisen.

Die berufsmäßigen »Algensammler« begeben sich normalerweise mit Schiffen auf Hochsee und in unverseuchte Gebiete, so daß hier kaum Bedenken bezüglich der Genießbarkeit bestehen.

Algen, bildhaft schön

Algen sammeln und dann einrahmen – das kann eigentlich jeder. Und oft ist man angenehm überrascht, wie dekorativ Algen sein können. Ihre Farben- und Formenvielfalt eignet sich besonders zum Schaffen von Kompositionen. Unter Glas oder Spezialfolie kommen sie ausgezeichnet zur Geltung, zum Beispiel als eigenständiges Bild oder aber als Umrahmung eines Fotos oder Textes, eingearbeitet in Lampenschirme, Lesezeichen oder aufgeklebt auf Stoff oder Karton. Wer mit seinen gesammelten Algen ein sogenanntes Herbarium anlegen will, sollte ein Etikett mit dem Vermerk, wann und wo die Algen gesammelt wurden und, wenn möglich, welcher Art und Familie sie angehören, nicht vergessen. Die einzelnen Blätter mit Durchschlagpapier voneinander trennen, zwischen starke Einbanddeckel legen und mit einem kräftigen Band zusammenhalten.

Wer Algen zu dekorativen Zwecken sammeln will, benutzt am besten einige Werkzeuge und Hilfsmittel: ein dünnes Netz zum Sammeln, Gläser mit Schraubverschluß zum Aufbewahren, Formalin oder Formaldehyd (40prozentig) zum Konservieren, eine breitrandige Schüssel zum Ausbreiten, ein langes Stäbchen (zum Beispiel eine Stricknadel) zum Sortieren und kräftiges Pergament, Papier oder Briefkarten zum Pressen.

Gleich nach dem Einsammeln sollten Sie die Algen in einer Schüssel mit Süßwasser ausbreiten. Dadurch vermeiden Sie unschöne weiße Salzkrusten. Wenn die Algen hart und spröde sind, sollten Sie sie einige Stunden im Wasser liegen lassen, dadurch werden sie weich und liegen glatt auf der Unterlage auf. Falls die Algen nicht innerhalb kurzer Zeit »verarbeitet« werden können, sollte man sie einstweilen in den Schraubgläsern mit Meerwasser unter Zusatz von fünf Prozent Formalin aufheben. Auch nach dem Aufbewahren in dem Glas immer wie oben beschrieben in der Schüssel mit einem langen Stäbchen zu ihrer vollen Größe ausbreiten.

Dann vorsichtig das Papier darunterschieben. Mit schneller und leicht schräggerichteter Bewegung aus dem Wasser ziehen, damit dieses ablaufen kann. Falls nötig, die Alge noch etwas zurechtrücken.

Getrocknet und gepreßt kann man Algen in einem Herbarium sammeln oder auch als Dekoration verwenden.

Falls die Algen hart sind, werden sie am besten mit dem Papier zusammengepreßt. Löschpapier darauflegen und mit Gewichten (zum Beispiel dicke Bücher) beschweren. Alle zwei bis drei Stunden überprüfen, ob das Löschpapier nicht kleben bleibt. Achten Sie auch auf Raumtemperatur und -feuchtigkeit: Stark beheizte Räume oder Wind können die Algen kräuseln; stagnierende Feuchtigkeit hingegen macht das Papier klebrig. Die Algenbilder oder das Herbarium vor direkter Sonneneinstrahlung schützen, da sie schnell die Farben verändert. Nach dem Trocknen kann man die Algen beliebig arrangieren.

Bunte Algen
im blauen Garten

Eigentlich ist das Meer blau, zumindest solange, wie sich der Himmel nicht allzu wolkenbedeckt darin spiegelt. Weil knapp 71 Prozent ihrer Oberfläche vom Meer bedeckt sind, heißt die Erde auch »Blauer Planet«. Allerdings könnte man ihr auch den Namen »Grüner Planet« geben – nicht nur wegen der Bäume und Wiesen, sondern auch wegen der Algen, die die Wasserflächen oft grün färben.

Algen sind aber durchaus nicht immer grün. Im Gegenteil: Neben den grünen gibt es auch braune oder rote Algen, abhängig von den jeweiligen Photosynthesepigmenten, die das Sonnenlicht auch in größerer Wassertiefe noch einfangen können. Denn eines ist den Algen und allen anderen Pflanzen zum Leben unabdingbar: das Sonnenlicht. Deshalb gibt es nur selten Algen, die tiefer als 200 Meter unter dem Wasserspiegel leben, weil dort die Lichteinstrahlung zu knapp wird.

Übrigens findet man Algen nicht nur in den Weltmeeren, sondern praktisch überall: in stark oder leicht salzigem Wasser, in Süßwasser und sogar an Land, denn einige Algen können auch außerhalb des Wassers überleben. Unter den Tausenden von Algenarten existiert nur ein kleiner Teil, ungefähr ein Fünftel, im Salzwasser; alle anderen kommen in Flüssen, Seen, Teichen, Sümpfen und sogar Brunnen, Pfützen und auf nassen Steinen vor.

■ Rotalgen, Braunalgen, Grünalgen

Algen sind eigentümliche Pflanzen: Seit Jahrtausenden genutzt und erforscht, bergen sie doch immer noch viele Geheimnisse. Die Botaniker sind sich bis heute nicht über die Klassifizierung oder Einteilung der Algen einig. Die zur Zeit vorherrschende Systematik beruht auf der Farbe der Algen, hervorgerufen durch ihre Pigmente: Braunalgen, Rotalgen, Grünalgen und Blaualgen, wobei letztere aber keine echten Algen sind.

Welche Algen wir wo finden, hängt vor allem von klimatischen Faktoren und dem Nährstoffangebot ab, aber auch von der chemischen Beschaffenheit des Bodens unter dem Wasser und von der Ausdehnung des Wasserspiegels. Einige Algenarten scheinen absolute Kosmopo-

Cyanophyceae (Blaualgen)

Blaualgen sind eigentlich keine richtigen Algen. In ihrem Zellaufbau ähneln sie den Bakterien, deshalb werden sie auch oft als Cyanobakterien bezeichnet. Da sie aber wie Pflanzen eine Photosynthese betreiben, in der Sauerstoff frei wird, werden sie oft noch den Algen zugeordnet. Eine Besonderheit der Blaualgen ist, daß sie mit Hilfe spezieller Zellen freien Stickstoff binden können. Diese Eigenschaft macht sie zu begehrten Symbiosepartnern, wie zum Beispiel in Flechten.

liten zu sein: Wir finden zum Teil ganz ähnliche Arten sowohl an den europäischen Küsten als auch in Japan oder Kalifornien. Einige davon sind erst in neuerer Zeit »ausgewandert«, haben sich aber in ihrem neuen Lebensraum schon sehr gut eingelebt.

Gelegentlich gibt es jedoch auch Schwierigkeiten, wenn zum Beispiel ein Neuankömmling sich so stark vermehrt, daß er den Einheimischen den Lebensraum streitig macht. Ein Beispiel dafür ist die Grünalge *Caulerpa taxifolia*, die in tropischen Gewässern heimisch, aber aus dem Aquarium in Monaco ins Mittelmeer entkommen ist, wo sie seit einigen Jahren als sogenannte »Killeralge« einen sehr üblen Ruf genießt.

Die Farben der Algen werden vom Gehalt der verschiedenen Pigmente bestimmt. Wir unterscheiden bei den Algen vier Hauptpigmente: grüne Chlorophylle, orangefarbene Carotine und Xantophylle (oxidierte Carotine) sowie die Phycobiliproteide Phycoerythrin (rot) und Phycocyanin (blau).

Diese Pigmente sind für den Vorgang der Photosynthese verantwortlich, indem sie das Sonnenlicht absorbieren, das in nutzbare Energie umgewandelt wird. Chlorophylle und Carotine (vor allem das Beta-Carotin) sind in allen Algen enthalten und dominieren bei den Grünalgen (*Chlorophyta*), während bei den Braunalgen (*Phaeophyceae*) die Xantophylle und bei den Rotalgen (*Rhodophyceae*) und Blaualgen (*Cyanophyceae*) die Phycobiliproteide überwiegen.

Auch für die wissenschaftliche Einteilung der Algen ist der Pigmentgehalt ausschlaggebend. So finden wir hauptsächlich Phycocyanin in den Zellen der Cyanophyceen oder Blaualgen, Xantophylle in den Phaeophyceen (Braunalgen) und Phycoerythrin in den Rhodophyceen oder Rotalgen. In den Chlorophyten (Grünalgen) hingegen überwiegt der Chlorophyllgehalt.

Photosynthesepigmente

Licht ist die vom menschlichen Auge wahrnehmbare elektromagnetische Strahlung natürlichen oder künstlichen Ursprungs, etwa zwischen 390 Nanometern (blau) und 760 Nanometern (rot) Wellenlänge. (Ein Nanometer [nm] ist ein zehntausendstel Millimeter.) Dieser Bereich des sichtbaren Lichts wird von der kurzwelligen ultravioletten Strahlung (< 390 Nanometer) und der langwelligen infraroten Strahlung (> 760 Nanometer) begrenzt.

Licht kann durch ein Prisma in die Spektralfarben zerlegt werden; jeder Farbe entspricht dabei ein bestimmter Wellenlängenbereich: Blau liegt etwa bei 400 bis 500 Nanometer, Gelb etwa bei 600 Nanometer und Rot etwa bei 700 Nanometer.

Mit Hilfe der Photosynthesepigmente können Pflanzen und manche Bakterien bestimmte Wellenlängenbereiche des Lichts absorbieren und in für sie nutzbare Energie umwandeln. Unter Nutzung dieser Energie stellen die Organismen aus Wasser und Kohlendioxid Glucose (Zucker) und – quasi als Abfallprodukt – Sauerstoff her. Diesen Vorgang bezeichnet man als **Photosynthese**.

Vorkommen der Photosynthesepigmente bei Algen:

Pigmente	Chloro-phylle	Carotine	Xantho-phylle	Phycobili-proteide
Absorptions-spektrum	680–700 nm	380–500 nm	380–500 nm	500–650 nm
Grünalgen (Chloro-phyta)	■■	■		
Braunalgen (Phaeophy-ceae)	■	■	■■	
Rotalgen (Rhodophy-ceae)	■	■		■■
Blaualgen (Cyanophy-ceae)	■	■		■■

■■ *kennzeichnet die überwiegenden Photosynthesepigmente*

Jedes dieser Pigmente fängt bestimmte Lichtfrequenzen auf, so daß die verschiedenen Algen-Gruppen in unterschiedlichen Wassertiefen leben. So finden wir die Blaualgen in den größten Wassertiefen, da ihre Pigmente es ihnen gestatten, die Wellenlängen des ultravioletten Lichtes zu nutzen, die am weitesten in die Tiefe vordringen. Allerdings muß man zwischen aufgenommenen und reflektierten Licht- und Farbfrequenzen unterscheiden. Die Grünalgen beispielsweise absorbieren die roten Strahlungen des Spektrums und reflektieren die grünen.

Diese Reflexionen sind für uns sichtbar und haben den Grünalgen ihren Namen eingetragen. Doch nicht immer können wir vom Aussehen auf die Zugehörigkeit schließen. Einige Algen gehören botanisch zu den Braunalgen, doch ihr Chlorophyllgehalt ist so groß, daß sie je nach Jahreszeit und Umgebung eine deutlich grüne Färbung annehmen.

■ *Von ganz klein bis ganz groß*

Botaniker unterscheiden die Algen von den sogenannten »höheren« Pflanzen, weil sie weder Wurzeln noch Blätter haben und keine Blüten und Früchte ausbilden.

Viele Algenarten sind Einzeller, sogenannte Mikroalgen, die von wenigen tausendstel Millimeter bis zu einem Millimeter groß sein können; letztere sind jedoch relativ selten. Allerdings müssen einzellige Algen nicht unbedingt Mikroalgen sein. Manche der einzelligen Algen werden sieben bis zehn Zentimeter lang wie zum Beispiel *Caulerpa prolifera* und *Acetomeria mediterranea*. Dafür können aber kleine vielzellige Vertreter sehr wohl zu den Mikroalgen gerechnet werden.

Neben den einzelligen Algen gibt es vielzellige, und darunter auch Riesenalgen, die bis zu

Viele Algen vollziehen einen komplizierten Generationswechsel, bei dem sich geschlechtliche und ungeschlechtliche Vermehrung abwechseln. Aus den runden Gebilden an den »Seitenzweigen« dieser Rotalge, den sogenannten Sporangien, entläßt sie vier Sporen, die zu neuen Pflanzen heranwachsen.

50 Meter Länge erreichen, zum Beispiel *Macrocystis pyrifera*, die an den Küstenstrichen Chiles, Argentiniens und Neuseelands lebt. Die meisten Algenarten liegen jedoch mit einer Länge von zwei oder drei Zentimetern bis zu einem halben Meter zwischen diesen Extremen.

Algen können kleine Einzeller sein oder ein echtes Gewebe ausbilden, einen sogenannten Gewebethallus, der ihnen das Aussehen einer »höheren« Pflanze verleiht. So bestehen die großen, bis zu mehreren Meter langen Braunalgen – die Tange – aus Phylloid (»Blatt«), Cauloid (»Sproß«) und Rhizoid (»Wurzel«) als Haftorgan (siehe Abbildung Seite 27). Zwischen Einzeller und Gewebethallus liegen noch weitere Organisationsformen, deren Zellen zunehmend Arbeitsteilung betreiben, sich spezialisieren und die damit immer komplexer aufgebaut sind.

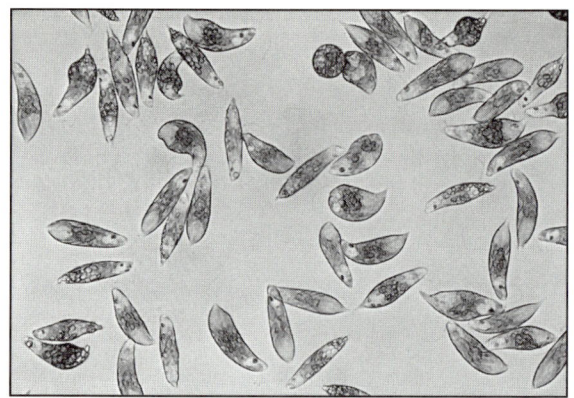

Mit Hilfe ihrer Geißeln können sich die *Euglena*-Algen aktiv auf der Suche nach Nährstoffen fortbewegen.

Aber eines haben sie alle gemeinsam, und diese Gemeinsamkeit unterscheidet sie von den sogenannten »höheren« Pflanzen: Ihre Zellen sind sehr viel undifferenzierter. Ihre bizarren Formen scheinen uns manchmal Zweige, Wurzeln, Stämme, Blätter oder gar Blüten zu zeigen, aber in Wirklichkeit sind die meisten Zellen in ihrer Struktur gleich.

Noch eine Besonderheit: Einige der einzelligen Algenarten, zum Beispiel *Euglena* oder *Clamydomonas*, bewegen sich aktiv mit Hilfe einer sogenannten Geißel fort. Das Merkmal »aktive Standortänderung« ist also nicht allein auf das Tierreich beschränkt. Die meisten Algen sind allerdings seßhaft, und viele neigen dazu, sich zu großen Verbänden zusammenzuschließen, die sich aber jederzeit wieder auflösen können.

Nicht alle Wasserpflanzen sind Algen

Wenn wir etwas Pflanzliches im Wasser oder am Strand entdecken, dann neigen wir dazu, alles verallgemeinernd als Algen zu bezeichnen. Im Meer, in den Seen oder Flüssen leben jedoch auch sehr viele Pilz- und Pflanzenformen, und zwar auch sogenannte »höhere« Pflanzen, Gewächse also, die sich spezialisiert haben, indem sie Sproß, Blätter, Blüten und Früchte entwickelten.

Diese Pflanzen lieben zum Teil andere Lebensbedingungen als die Algen, so daß sie sich den Lebensraum aufteilen. Oft aber leben sie auch in einer Symbiose (Vergesellschaftung zweier Organismen zum gegenseitigen Nutzen) zusammen. Ein bekanntes Beispiel für eine solche hochentwickelte Symbiose sind die Flechten, die vielerorts Baumrinden, Felsen oder Mauern besiedeln. Flechten sind Lebensgemeinschaften aus Algen und Pilzen, die sich so spezialisiert und aufeinander eingestellt haben, daß sie als eigenständige Lebensformen betrachtet werden können.

Kosmetik

■ Der Duft des Meeres

Haben Sie schon einmal am Strand gestanden und in vollen Zügen den Meeresduft genossen? So etwas gibt es nur an offenen Küstenstrichen, dort, wo das Meer stark bewegt ist. Doch praktisch überall auf der Welt ähnelt sich dieser typische Geruch.

Liegt es am Salz? Das ist kaum möglich, denn wenn Sie in der Küche Salz im Wasser auflösen, dann können Sie es zwar nachher schmecken, aber nicht riechen. An den Meerestieren kann es auch nicht liegen, denn auch wer zum Beispiel Fisch gar nicht mag, liebt doch meistens den Geruch des offenen Meeres. Nein, er stammt ganz einfach von den Pflanzen des Meeres, hauptsächlich von den Algen!

Wenn Sie diesen Duft auch nach dem Urlaub nicht missen und sich die Erinnerung ans Meer ins Badezimmer holen wollen, geben Sie doch einfach eine Handvoll Meeresalgen ins warme Badewasser. Sie tun damit nicht nur etwas für Ihre Stimmung, sondern auch für Ihre Schönheit.

Fast alle Bewohner von Küsten wissen um die wunderbare kosmetische Wirkung der Algen. So »erntet« man in den Gewässern um die pazifischen Inseln eine rote Alge, die *Ahnfeldtia concinna*. Sie ist besonders reich an Schleimstoffen, einer Art Gel, die sich auf der Haut leicht und angenehm verstreichen lassen und als ideale Feuchtigkeitsspender wirken. Man erzählt, daß sich junge Hawaiianerinnen vor der Hochzeit tagelang reichlich mit dieser Algengelatine einreiben, um eine seidig zarte Haut zu bekommen. Heute ist diese rote Alge nicht mehr nur den Hochzeitsvorbereitungen vorbehalten. Frauen jeden Alters, und nicht nur auf den pazifischen Inseln, greifen gerne auf Kosmetika zurück, deren Hauptwirkstoff von *Ahnfeldtia concinna* stammt. Vielerorts suchen heute Einheimische und Touristen Meeresbuchten auf, an denen die Strömung besonders große Mengen von Algen angeschwemmt hat, und verweilen oft stundenlang in der Mischung aus Meerwasser und Pflanzen oder bereiten Packungen aus den gerade »gefischten«, noch feuchten Algen. Sogar an der

Adria, wo 1989 ein übermäßiger Algenwuchs ganze Küstenstriche mit einer gallertartigen Schicht überzog, erzielten mutige Badelustige erstaunliche Ergebnisse: Ihre Haut dankte ihnen das Abenteuer mit außergewöhnlicher Zartheit und Glätte.

Die Kosmetikindustrie macht sich die breite Wirkungspalette der Algen zunutze. So finden wir Extrakte aus Algen heute in zahlreichen Produkten wie Cremes, Badezusätzen oder Shampoos. Auf den berühmten Beauty-Farmen gibt es sogar noch mehr: Körperpackungen, Gesichtsmasken, Sprudelbäder und andere Wohltaten. Denn die kosmetischen Wirkungen der verschiedenen Algen sind äußerst vielseitig: Sie glätten, reinigen, beruhigen, fördern die Durchblutung, spenden Feuchtigkeit, straffen, klären, beleben, stärken, regulieren die Talgdrüsenfunktion, erfrischen, wirken entzündungshemmend und heilend, entschlackend und regenerierend, fördern die Zellerneuerung und stärken die allgemeine Widerstandskraft der Haut.

So viele Wirkungsweisen durch »einfache« Algen! Diese beruhen auf einer Fülle von Wirkstoffen, die in den Algen enthalten sind, allerdings nicht in jeder Art die gleichen.

Es gibt Tausende Algenarten, aber nur einige Dutzend (zur Zeit ungefähr 50) werden in der

Kosmetische Fertigprodukte mit Algen

- *Feuchtigkeitsspender für Gesicht und Körper*
- *Gesichts- und Körperpeeling*
- *Reinigungsmilch und Waschcremes*
- *Abschminkcremes und -lotionen*
- *After-Sun-Produkte*
- *Handcremes*
- *Massagecremes*
- *Produkte gegen Cellulitis und Schwangerschaftsstreifen*
- *Produkte zur Intimpflege*
- *Seifen*
- *Badezusätze*
- *Shampoos*
- *Haarwasser (zum Beispiel gegen fettiges Haar)*
- *Rasiercremes und -gels, Rasierwasser*
- *Deodorants*
- *Zahnpasta*

Kosmetikindustrie genutzt. Wenn wir davon ausgehen, daß das Leben auf unserem Planeten im Meer entstanden ist und daß wir im Meerwasser alle lebenswichtigen Mineralstoffe in idealer Mengenverteilung vorfinden, dann ist es nicht verwunderlich, daß der Nährstoffgehalt der Meerespflanzen, vor allem der Algen, besonders ausgewogen ist. In einem Kilogramm Algen finden wir die Wirkstoffe aus rund 100 000 Litern Meerwasser: Aminosäuren (Eiweißbausteine), Mineralsalze und Spurenelemente sowie Vitamine (A, B_2, C und E). Viele Forscher behaupten, daß die Zusammensetzung der Algen damit erstaunlich der der menschlichen Zelle ähnelt.

Sehen wir uns einige der für die Schönheit besonders wichtigen Inhaltsstoffe etwas näher an: Da sind zunächst einmal die sogenannten Schleimstoffe. Zwar klingt der Name nicht besonders appetitlich, aber es handelt sich in Wirklichkeit um etwas sehr Angenehmes. Sie haben doch sicher schon einmal Malventee gegen Magenschmerzen getrunken oder um den Stuhlgang zu fördern? Das Wirksame in der Malve, aber auch in Leinsamen, *Calendula* und *Aloe vera* sind eben die Schleimstoffe oder Gel-Substanzen. Und genau diese kommen auch bei der äußerlichen Anwendung zum Zuge, denn *Aloe vera* oder *Calendula* lindern Sonnenbrände und leichte Verbrennungen.

Genauer betrachtet sind diese Gele oder Schleimstoffe Zucker (Kohlenhydrate), die eine feuchtigkeitsspendende Wirkung haben. Sollten Sie Zweifel haben, dann streichen Sie doch ein-

Schleimstoffe
Die meisten Algenzellen sind von einer festen Zellwand umgeben, bestehend aus einer gelartigen, leicht verschleimenden, nicht kristallinen Grundsubstanz (in der Regel Pektin), die in ein kristallines Grundgerüst (häufig Cellulose) eingelagert ist. Weitere Einlagerungen können aus Kieselsäure, Calcium- oder Magnesiumverbindungen, Agar (Rotalgen) oder Alginsäure (Braunalgen) bestehen.

mal etwas Honig auf eine Hautstelle, lassen ihn zehn bis fünfzehn Minuten einwirken und waschen ihn dann kalt ab. Sie werden über die Wirkung erstaunt sein. Oder geben Sie Kartoffelstärke oder Pektin ins Badewasser, auch hier werden Sie eine auffallende und nachhaltige Wirkung bemerken: Ihre Haut wird ganz weich und geschmeidig. Wenn Sie also auf der Verpackung oder dem Beipackzettel eines Kosmetikproduktes Begriffe wie Alginat (Salze der Alginsäure aus Braunalgen) oder Carrageenan (aus den Zellwänden von Rotalgen) lesen, dann ist darin etwas enthalten, das Ihre Haut Feuchtigkeit aufnehmen und speichern läßt.

Die Alginate und Carrageenane sind für die

Kosmetikindustrie ausgezeichnete natürliche Hilfsstoffe, die eine geeignete Viskosität garantieren. Die Alginate sorgen außerdem dafür, daß sich die Haut lange angenehm frisch anfühlt, was zum Beispiel bei After-Sun-Produkten besonders wichtig ist. Wer zu Schweregefühl und Schwellungen in Knöcheln und Beinen neigt, weiß die erfrischende Wirkung der Alginate besonders zu schätzen. Finden Sie auf der Verpackung eines Sonnengels, Deo-Sticks oder Haarbalsams den Namen Agar-Agar, dann sind auch hier Algenextrakte enthalten – diesmal, um das Produkt haltbar und beständig zu machen, also als natürliches Konservierungsmittel.

Den Ausdruck Maerl oder Lithothamna finden Sie möglicherweise auf der Packung einer Gesichtsmaske. *Lithothamnion calcareum* ist eine Fossilalge oder versteinerte Alge, die man an der bretonischen Küste findet; Maerl ist die von ihr gebildete Kalkablagerung. Diese Alge hat besonders in Kombination mit Heilerde in Gesichtsmasken eine reinigende und absorbierende Wirkung, eignet sich demnach besonders zur Pflege von unreiner Haut.

Auf Kosmetika zur Bekämpfung von Cellulitis (siehe *Seite 31*) finden Sie oft den Begriff »Fucales-Extrakt« oder aber den genauen Namen der Alge, also zum Beispiel *Fucus vesiculosus* oder

Durch den hohen Jodgehalt von *Ascophyllum nodosum* wirken Extrakte aus dieser Braunalge anregend auf den gesamten Stoffwechsel.

Ascophyllum nodosum. Einer der Gründe, warum man diese Algen so gerne für Badeextrakte, Massagecremes und dergleichen benutzt, ist ihr hoher Jodgehalt. Jod regt bekanntlich den Stoffwechsel an und kann deshalb gegen Übergewicht (erhöhter Energieverbrauch!) und Orangenhaut verwendet werden.

Ob Jod tatsächlich über die Haut aufgenommen wird, darüber streiten sich Experten schon

Algenverarbeitung

Bei der Kosmetikherstellung eingesetzte Algen werden in abgelegenen und sauberen Küstenstrichen oder aber in großer Tiefe »gefischt«, um ihre Reinheit zu gewährleisten. Auf einigen Beauty-Farmen, vor allem in Küsten-Ferienorten, werden die Algen unzerteilt, unbehandelt und sozusagen im Naturzustand auf den Körper gebracht. Das fühlt sich sehr angenehm an und ist auch überaus wirksam.

Die Produkte, die Sie fertig kaufen können oder die Ihnen im Kosmetiksalon aufgetragen werden, sehen Algen meist nicht mehr ähnlich. Das liegt zum einen an der Konservierung der Produkte und zum anderen an ihrer Verarbeitung. Je feiner man die Algen zerkleinert, desto besser gelangen ihre Wirkstoffe bis tief in die unteren Hautschichten und das darunterliegende Gewebe. Deshalb haben Techniker einige Systeme ausgetüftelt, um die Algen möglichst stark zu zerkleinern:

Bei der Mikro-Eclatage oder Mikro-Explosion erreicht man durch Ultraschallwellen eine sehr feine Pulverisierung. Die einzelnen Algen»körnchen« sind nicht größer als 40 Mikrometer (40 Tausendstel Millimeter).

Ein weiteres Verfahren ist die Zerkleinerung in extremer Kälte, durch die man eine seidenweiche, etwas flüssige Creme erzielt.

Auch Lyophilisation (Gefriertrocknung), das heißt Tiefkühlen und anschließender Feuchtigkeitsentzug, bewahrt die wertvollen Wirkstoffe der Algen auf wunderbare Weise.

seit Jahren. Zahlreiche Dermatologen (Hautärzte) – also nicht nur Kosmetikexperten – sind davon überzeugt und berufen sich auf Untersuchungen, nach denen die Gelsubstanzen der Algen ohne Schwierigkeiten die sonst recht undurchlässige Barriere der Hautzellen durchdringen können.

Algen stellen demnach sogar ein ideales Transportmittel dar, um auch andere Substanzen, zum Beispiel Jod, in tiefere Zellagen zu befördern. Zudem stehen der Industrie verschiedene technische Hilfsmittel zur Verfügung, um diesen Transport noch zu erleichtern und zu beschleunigen, zum Beispiel die »Mikro-Explosion« der Algen (siehe *Kasten*).

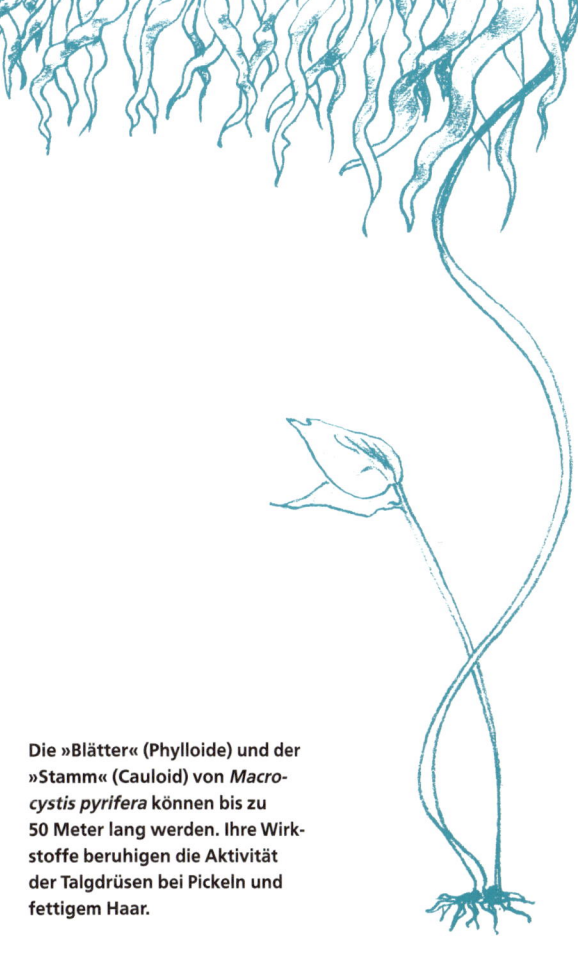

Gerade Jod scheint sich als »Passagier« besonders gut zu eignen, denn bereits zehn Minuten nach dem Auftragen einer natürlichen jodhaltigen Braunalgencreme kann man es im Blutkreislauf nachweisen. Aber auch andere Mineralsalze – insgesamt 41 – werden von den Algen zugeführt und tragen dann zur Belebung des Stoffwechsels, zur Entschlackung und eventuell auch zum Verlust überschüssiger Pfunde bei.

Neben Jod enthalten Algen noch weitere kosmetisch bedeutsame Inhaltsstoffe. Schwefel zum Beispiel wirkt entzündungshemmend und damit unter anderem gegen Pickel. Kupfer ist an der Bildung von Melanin beteiligt, ist also für eine gleichmäßige Bräunung von ausschlaggebender Bedeutung. Zink ist notwendig für die Muskelarbeit (das Herz ist unser wichtigster Muskel), aber auch, um vorzeitigem Altern vorzubeugen. Und dann sind da noch die wichtigen Vitamine: A, die der B-Gruppe, C, D, E und K. Algen haben also tatsächlich viel zu bieten.

Die »Blätter« (Phylloide) und der »Stamm« (Cauloid) von *Macrocystis pyrifera* **können bis zu 50 Meter lang werden. Ihre Wirkstoffe beruhigen die Aktivität der Talgdrüsen bei Pickeln und fettigem Haar.**

■ Die Wirkungsweisen der Algen

Wenn die Talgdrüsen der Kopfhaut ungebeten Überstunden machen und die Haare übermäßig einfetten, dann ist *Macrocystis pyrifera*, eine Braunalge, hilfreich. Sie ist eine der größten Algen überhaupt und kann eine Länge von bis zu 50 Metern erreichen.

Delesseria sanguinea spendet viel Feuchtigkeit für einen frischen und faltenlosen Teint, ihre Extrakte werden deshalb gerne in der Kosmetik verwendet.

Palmaria palmata (*Rhodophyceae*) wirkt auf die Schweißdrüsen beruhigend; sie ist eine wunderschöne rote Alge aus dem Atlantik.

Die neuesten Entdeckungen der Algenforschung für einen faltenlosen Teint sind die stark feuchtigkeitsspendenden *Delesseria sanguinea* (Rotalge) und *Undaria pinnatifida* (Braunalge). *Delesseria* wird in der Chirurgie als Antikoagulans (gerinnungshemmende Substanz) benutzt. Auf dem Gebiet der Kosmetik hat sie sich in kürzester Zeit durch ihren ungewöhnlichen Reichtum an Kupfer, Zink, Magnesium und Mangan einen Platz an der Sonne erobert. Ihre Zusammensetzung ähnelt besonders stark der Flüssigkeit, die sich außerhalb der Hautzellen befindet. Dies scheint das Geheimnis ihrer außergewöhnlichen kosmetischen Wirksamkeit zu sein, denn dadurch wird eine besonders deutliche Tiefenwirkung durch Osmose (siehe *Seite 7*) erreicht.

Der enorme Reichtum an Beta-Carotin (Provitamin A) der *Dunaliella salina*, einer einzelligen Grünalge, ist für die Augen, das Immunsystem und als Antioxidans wertvoll. Antioxidantien können die freien Radikale (sehr reaktionsfreudige Verbindungen), die in Verdacht stehen, Krebs auszulösen, an sich binden und damit unschädlich machen. Damit beugen sie gleichzeitig vorzeitigem Altern vor. Äußerlich angewendet trägt *Dunaliella salina* zur Revitalisierung der Haut und des Bindegewebes bei.

Fucus vesiculosus (Blasentang), eine Braunalge, kommt im Atlantik und im Ärmelkanal vor. Sein Geruch ist besonders stark und typisch, seine »Blätter« (Phylloide) sind mit kleinen Bläschen überzogen – daher der Name –, die Kinder gerne mit leisem Knallen zum Platzen bringen. *Fucus* ist äußerst reich an Jod und Vitamin C. Er regt die Aktivität der Fibroblasten an, die für die Collagen-Herstellung zuständig sind. Außerdem wirkt er harntreibend, stärkt die Blutgefäße und bekämpft Flüssigkeitsstauungen im Gewebe.

Spirulina ist eine Blaualge, die in salzhaltigen Binnengewässern vorkommt, zum Beispiel in Mexiko und im Tschad. Bereits von den Azteken wurde *Spirulina* als Nahrungsmittel genutzt. Vor einiger Zeit entdeckte man sie wieder, und heute findet sie als Nahrungsmittel-Ergänzungsstoff, beispielsweise für Leistungssportler, Verwendung. *Spirulina* ist aber auch ein ausgezeichnetes Schönheitsmittel für die Haut. Bislang wurden etwa 250 verschiedene Wirkstoffe der Alge festgestellt, 70 Prozent davon sind Eiweißstoffe, dazu kommen ungewöhnlich große Mengen an Vitaminen, Mineralstoffen und Spurenelementen. *Spirulina* fördert die Durchblutung und den Stoffwechsel der Haut. In Shampoos enthalten, trägt sie dazu bei, die Talgdrüsenproduktion unter Kontrolle zu halten.

Laminaria digitata (Fingertang) gehört zu den Braunalgen und lebt in acht bis 20 Metern Tiefe in den kalten und bewegten Gewässern der Bre-

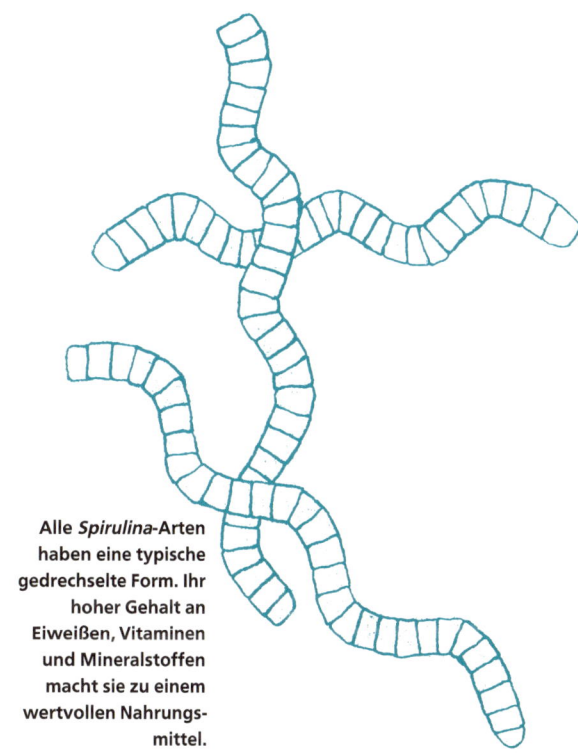

Alle *Spirulina*-Arten haben eine typische gedrechselte Form. Ihr hoher Gehalt an Eiweißen, Vitaminen und Mineralstoffen macht sie zu einem wertvollen Nahrungsmittel.

tagne. Der Fingertang ist besonders reich an Mineralstoffen, Spurenelementen, Vitaminen und Aminosäuren. Er wirkt entschlackend und hilft bei der Bekämpfung von Venenschwäche. *Laminaria digitata* wird auch häufig als »Bindemittel« in Kosmetika verwendet, da er nicht fettend ist und Cremes, Gels und Zahnpasten eine leichte und weiche Konsistenz verleiht.

denn sie ist sehr zart und schmackhaft. Ihr Vitamingehalt ist rekordverdächtig: Sie enthält zehnmal soviel Vitamin C wie Orangen und doppelt soviel Vitamin A wie Kohl! Die Kosmetikindustrie macht sich diese Eigenschaft natürlich auch zunutze, zumal *Ulva lactuca* besonders leicht und angenehm zu verarbeiten ist. Kosmetika, die diese Grünalge enthalten, sind feuchtigkeitsspendend und wirken entspannend.

Wie oft dürfen wir uns mit Algen verwöhnen?

Es gibt viele Gelegenheiten, bei denen wir die Algen für unsere Schönheit und unser Wohlbefinden einsetzen können:

■ *Täglich, auch mehrmals*: Zahnpasta, Reinigungsmilch, Tonikum und Hautcremes.

■ *Ein- oder zweimal in der Woche*: Shampoo mit Algenextrakten. Das beugt Haarausfall vor und verleiht den Haaren Spannkraft und Glanz. Außerdem reguliert es die Talgdrüsenproduktion.

■ *Einmal wöchentlich*: Wohltuendes Bad mit Algen, beispielsweise mit einem bis zwei Löffeln mikronisiertem Algenpulver. Dabei sollten Sie beachten, daß je nach Temperatur die Wirkung der Algen unterschiedlich ist. Bei 35 bis 36 Grad

Der »Kopfsalat des Meeres«, die grüne *Ulva lactuca*, enthält zehnmal soviel Vitamin C wie Orangen und ist darüber hinaus sehr zart und schmackhaft.

Ulva lactuca heißt ungefähr soviel wie »Kopfsalat aus dem Meer«. Es handelt sich um eine Grünalge, die an Felsen haftet und bei Ebbe oft zu sehen ist. Feinschmecker und Gesundheitsbewußte wissen sie gleichermaßen zu schätzen,

Celsius wirken sie belebend, bei 37 bis 38 Grad Celsius eher entspannend, bei 38 bis 39 Grad Celsius unter Umständen gewichtsreduzierend (da das enthaltende Jod über die Schilddrüse den Stoffwechsel anregt), aber auch so anstrengend für den Kreislauf, daß nur stabilere Naturen sich Bäder mit solchen Temperaturen zumuten sollten. Am besten Sie überschreiten eine Badedauer von zehn Minuten nicht. Ein Algenbad kann übrigens genauso ermüden wie ein Bad im richtigen Meer. Außerdem sollten Sie sich im Algenbad nicht einseifen und danach nicht abrubbeln, sondern nur einen Bademantel überziehen und ein Viertelstündchen ruhen, damit die Inhaltsstoffe der Algen weiter ihre Wirkung entfalten können. Die Algen bilden nämlich auf der Haut einen unsichtbaren Wirkstofffilm, der noch ungefähr zwei Stunden lang aktiv bleibt.

■ *Ein- bis zweimal im Monat*: Gesichtspeeling und eventuell Körperpeeling mit einem milden Produkt – je nach Hautbeschaffenheit.

■ *Einmal im Monat*: eine »Meerbehandlung« im Kosmetiksalon.

■ *Ein- oder zweimal im Jahr*: ein Aufenthalt am Meer; wenn möglich mit Thalassotherapie (nutzt die heilklimatische Wirkung von Seeluft und Bädern im Meerwasser sowie die therapeutische Verwendung von Meerwasser und -salz).

Für viele Frauen ein Problem – Cellulitis
Ausgeprägte Cellulitis ist allerdings kein unvermeidliches Schicksal. Allein mit Hilfe von Cremes – und seien sie noch so gut – ist ihr jedoch nicht beizukommen. Am besten bekämpft man sie auf verschiedene Arten: durch gesunde Ernährung (vor allem viel Frischkost und ausreichende Flüssigkeitszufuhr), durch genügend Bewegung an frischer Luft, durch Vermeiden von übermäßigem Streß, Nikotin, Alkohol und synthetischen Lebensmittelzusatzstoffen; zusätzlich eventuell durch spezielle kosmetische Anwendungen wie Massagen oder Mesotherapie (mehrere Procain-Minispritzen ins Bindegewebe). Kosmetika gegen Cellulitis enthalten in den meisten Fällen nicht nur Pflanzenextrakte wie Efeu oder Kastanie, sondern vor allem feuchtigkeitsspendende und glättende Algensubstanzen.

■ *Je nach Bedarf*: spezielle Anwendungen zum Beispiel gegen Cellulitis oder müde Beine.

Tip: Lassen Sie die Kosmetik mit Algenextrakten so lange wie möglich einwirken, damit die wertvollen Inhaltsstoffe viel Zeit haben, bis in die tieferen Hautschichten einzudringen und dort aktiv zu werden. Am besten verteilen Sie das Produkt auf eine möglichst große Hautfläche, dadurch erhöhen Sie die Wirkung.

■ *Algenkosmetik zum Selbermachen*

Durchschnittlich werden sechs Kilogramm Frischalgen benötigt, um ein Kilogramm Algenpulver herzustellen. Falls Ihnen Algen in Pulverform angeboten werden, schnuppern Sie einmal daran: Sie sollten angenehm nach Meer duften. Riechen Sie nichts, dann ist das Pulver wahrscheinlich stark mit anderen Produkten vermischt. Duftet es hingegen sehr intensiv, ist aber auch das nicht unbedingt ein Zeichen für Qualität, denn es kann bedeuten, daß die Algen extrem hohen Temperaturen ausgesetzt worden sind. *Fucus vesiculosus* hat allerdings im Verhältnis zu *Ulva lactuca* und anderen Algen von Natur aus einen relativ intensiven Geruch. Lesen Sie am besten genau das Etikett, um festzustellen, welche und wieviel Algen das betreffende Kosmetikprodukt tatsächlich enthält.

Badezusatz

Algen eignen sich vorzüglich zur Benutzung »in toto«, das heißt im Ganzen. Als Badezusatz verwöhnen und pflegen Algen Ihre Haut. Dabei

können Sie die Algen ruhig im Badewasser schwimmen lassen, so daß sie den Eindruck vermitteln, Sie befänden sich im Meer. (Beim Ablaufenlassen des Badewassers sollten Sie einen Filter auf den Abfluß legen, damit die Algen nicht die Rohre verstopfen.)

Oder Sie geben die Algen ganz oder zerkleinert in ein Mullsäckchen und hängen dieses unter den Wasserhahn, damit das erste, besonders heiße Wasser schon einmal die Wirkstoffe in die Wanne bringt. Während des Bades kann man sich dann mit dem Säckchen abreiben oder massieren. Algenbäder sind nicht unbedingt für jeden geeignet, denn sie erhöhen kurzfristig die Körpertemperatur, beschleunigen den Herzrhythmus und bringen den Kreislauf stark in Schwung. Außerdem ist die Jodaufnahme unter diesen Bedingungen recht groß. Falls Sie unter Schilddrüsenüberfunktion, stark erhöhtem Blutdruck oder erheblichen Krampfadern leiden, fragen Sie Ihren Arzt, ob Algenbäder sinnvoll sind. Weiteres über das Baden mit Algen finden Sie auf *Seite 30f.*

Zahnpasta

Wenn Sie schon einmal die Zähne mit Salbeiblättern abgerieben haben, konnten Sie sicher bemerken, wie angenehm und reinigend diese Prozedur ist. Das gleiche können Sie auch mit Algen versuchen. Am besten eignen sich dazu großflächige Algen, zum Beispiel die getrocknete, im Handel erhältliche Kombu-Alge. Denn auch viele Zahnpasten enthalten einen Algenzusatz.

Algenpackungen und -masken

In vielen Kosmetik-Salons werden Algenpackungen und Algenmasken ganz groß geschrieben. Versuchen Sie es doch auch einmal zu Hause! Eine Handvoll Algen (zur Behandlung von Cellulitis nehmen Sie am besten *Fucus vesiculosus*) in warmes Wasser legen. Falls die Algen getrocknet waren, lassen Sie sie eine Weile zum Weichwerden darin liegen. Dann leicht ausdrükken und noch warm direkt auf die Haut legen und gut verteilen. Darüber Küchenfolie und zum Warmhalten Handtücher oder Decken breiten.

Sie können die Algen übrigens drei- bis viermal verwenden, bevor Sie sie auf den Komposthaufen oder in die Blumenerde geben. Sie müssen die Algen nur nach jedem Gebrauch ausspülen und sorgfältig trocknen, dann können Sie sie ohne weiteres nach zwei oder drei Tagen noch einmal benutzen, denn ein großer Teil der Inhaltsstoffe bleibt auch noch nach einer Anwendung darin enthalten.

Variation: Zerkleinern Sie die Algen Ihrer Wahl mit dem Mixer und vermischen Sie sie dann mit soviel Wasser, daß ein weicher Brei entsteht. Tragen Sie diesen direkt auf die zu behandelnden Hautstellen, zum Beispiel Oberschenkel, Oberarme, Hüften oder Bauch, auf und verfahren dann weiter wie oben beschrieben.

Pflegende Gesichtsmaske

 1 Algentablette (*Spirulina* oder *Chlorella*)
Wasser

Algentablette zerkleinern und tropfenweise Wasser zugeben. Rühren, bis eine streichfähige, weiche Masse entsteht. Gleichmäßig auf der Gesichtshaut verteilen, dabei aber zwei Zentimeter rings um die Augen freilassen, weil dort die Haut besonders zart ist. Ruhen Sie sich etwas aus und warten Sie, bis die Maske fast trocken geworden ist. Mit reichlich lauwarmem Wasser abspülen, mit kaltem Wasser nachspülen, dann Gesichtswasser und Feuchtigkeitscreme auftragen.

Tip: Am besten behandeln Sie Hals, Dekolleté und Hände immer gleich mit. Dann brauchen Sie allerdings ungefähr drei Algentabletten.

Variation: Um das Austrocknen der Gesichtsmaske zu verzögern und so die Einwirkzeit der

Algen zu verlängern, geben Sie ein paar Tropfen Öl in die Masse. Besonders angenehm und wirksam wird die Gesichtsmaske, wenn Sie zwei bis vier Tropfen ätherisches Öl Ihrer Wahl verwenden. Dieses vermischen Sie am besten mit pflanzlichem Öl, bevor Sie es den Algen zufügen. Eine wunderbare Kombination bei unreiner Haut ist es, je zur Hälfte Heilerde und Algenpulver zu verwenden. Ätherische Öle, die besonders reinigend wirken, sind Teebaumöl (*Melaleuca alternifolia*), Lavendelöl (*Lavandula officinalis* und *spica*) oder Minzöl (*Mentha x piperita*).

Gesichtsmaske für die reife Haut

2–3 EL Sahnequark
1 TL flüssiger Honig (z. B. Akazienhonig)
2 Tr. ätherisches Öl (z. B. Neroli, Lavendel, Sandelholz, Rose, Patschouli, Zypresse)
2 Algentabletten (*Spirulina* oder *Chlorella*)

Ätherisches Öl im Honig emulgieren. Algentabletten pulverisieren. Alle Zutaten gut miteinander vermischen.

Gesichtsmaske für empfindliche Haut

Trockene und empfindliche Haut spricht gut auf »Algenmayonnaise« an. Man kann fertiggekaufte nehmen oder sie selbst anrühren:

1 Eigelb
pflanzliches Öl
2 Algentabletten oder Algenpulver (*Spirulina* oder *Chlorella*)
Zitronensaft (nach Belieben)
Salz (nach Belieben)

In das Eigelb unter ständigem kräftigem Rühren tropfenweise Öl geben, bis die gewünschte Konsistenz erreicht ist. Sie können ein paar Tropfen frischgepreßten Zitronensaft zugeben, wenn die Haut besonders rein und fleckenlos werden soll. Eine Prise Salz ist durchaus empfehlenswert, denn davon wird die Haut weich und zart. Unter die fertige Mayonnaise einfach die pulverisierten Algen (Tabletten oder Trockenalgen) mischen.

Tip: Sie können Alginat (siehe *Seite 24*) als Grundstoff verwenden, wenn Sie eine besonders leichte und erfrischende Tagescreme oder ein After-Shave herstellen möchten, die eine gelartige Konsistenz haben.

Wenn Sie die Algen Ihrer Wahl (Meeresalgen oder Süßwasseralgen) mit etwa der gleichen Menge sehr heißen Wassers übergießen, werden die Algen »pasteurisiert«, das heißt, der Keimgehalt wird stark reduziert. Die Verwendungsmöglichkeiten in dieser Wasserphase sind sehr vielseitig: Fein püriert im Mixer ergibt sich eine glatte, angenehme Gelmasse, die sich gut in Cremes, Lotionen und natürlich in andere Gels einarbeiten läßt. Nur ein paar Beispiele für Produkte, die Sie auf solche Art und Weise herstellen können:

- Sonnenmilch
- Aftersun-Produkte
- Peelingcreme (hier braucht man nur die fein gemahlenen Algen hinzufügen)
- Reinigungsmilch
- Gesichtswasser
- Nachtcreme für empfindliche Haut mit »Algentee« statt destilliertem Wasser
- Tagescreme für empfindliche Haut
- Lippenpflegecreme
- Feuchtigkeitscreme mit *Aloe vera* und Alginat
- Körpermilch
- Lecithincreme für extrem trockene Haut
- Babycreme
- Deodorants

Wer solche etwas komplexeren Kosmetika selber herstellen möchte, der kann auf die ausgezeichneten Rezepte des Hobbythek-Buches »Die 5-Minuten-Kosmetik« zurückgreifen (Köln 1996).

Die Heilkraft der Algen

Zahlreiche Dokumente aus allen Erdteilen belegen die therapeutische Anwendung der Algen über die Jahrtausende. So verwenden Chinesen Algen seit vielen Jahrhunderten auch als Medizin. Ebenso findet man in alten Hindu-Rezepten Anweisungen, den Kropf durch den Verzehr jodreicher Meeresalgen zu behandeln. In den peruanischen Anden werden Asche und Kohle von Braunalgen gegen Mineralstoff-Mangelerscheinungen und Stoffwechselstörungen eingesetzt, während buddhistische Mönche um ein Algenrezept gegen Gastritis und Darmstörungen wissen. Schon seit dem sechsten Jahrhundert vor Christus ist der Algenkonsum im Mittelmeerraum belegt. Plinius der Ältere (erstes Jahrhundert nach Christus, Verfasser der Naturalis historia) empfahl Algen gegen Gicht. Der griechische Arzt Dioscoride Padanio (erstes Jahrhundert nach Christus) riet zur äußeren Anwen-

Die Pharmaindustrie bedient sich auf vielfältige Weise der unterschiedlichen Algen und Alginate:

- *Zum Überdecken von unangenehmem Geschmack bei Medikamenten,*
- *um die Blutgerinnung zu beschleunigen oder zu verlangsamen,*
- *als Bindemittel in Pillen und Tabletten,*
- *für Abdrücke bei Zahnprothesen,*
- *zur Bekämpfung von Verstopfung, Gastritis, Mineralstoffmangel und zur Gewichtskontrolle,*
- *zur Verbesserung der Verträglichkeit von Arzneimitteln,*
- *als Überzug von bestimmten Arzneimitteln, die nicht von der Magensäure angegriffen werden sollen.*

dung bei Verbrennungen und Abschürfungen und zu innerer ebenfalls gegen Durchfall und Gastritis. In Griechenland und der Türkei wurden Algen oftmals zur Bekämpfung von Wurmbefall beim Menschen eingesetzt.

In den vierziger Jahren wurden in Venezuela 80 Leprakranke erfolgreich mit einer Suppe aus *Chlorella*-Algen ernährt und geheilt. Seitdem steht *Chlorella* als Nahrungsmittel-Ergänzungsstoff hoch im Kurs, vor allem in der Schwangerschaft und Stillzeit sowie in Streß-Situationen.

Zum großen Teil findet das alte Wissen um die Heilkraft der Algen auch heute noch in der volkstümlichen Medizin Verwendung und sogar, wenn auch in leicht abgewandelter Form, in der Schulmedizin. Letztere macht sich hauptsächlich einzelne Wirkstoffe bestimmter Algen zunutze.

■ Welche Algen bei welchen Beschwerden?

Die allgemein wohltuende Wirkung der meisten Algen auf Leber und Darm ist unter anderem auf das Kohlenhydrat Laminarin, das Photosyntheseprodukt der Braunalgen, zurückzuführen. Hinzu kommen die meist üppig vorhandenen Gel- oder Schleimstoffe (siehe *Seite 24*) und die hauptsächlich in Form von Mannitol vorkommenden Kohlenhydrate.

Salzwasseralgen

Braunalgen

Aus den größeren Braunalgenarten, vor allem aus *Fucus*, wird in Europa und Amerika ein kolloidales Gel gewonnen. *Fucus*-Algen finden wir an vielen Felsenküsten des nördlichen Erdteils.

Aufgrund ihres ungewöhnlichen Reichtums an Mineralien, Spurenelementen, Vitaminen und Alginaten sind Braunalgen sowohl in Medizin und Kosmetik als auch in der Ernährung vielseitig verwendbar.

Sie sind so groß, daß sie dazu neigen, kleinere Algen, vor allem Rotalgen und Grünalgen, zu verdrängen. Besonders *Fucus vesiculosus* wird therapeutisch und kosmetisch verwertet.

Fucus vesiculosus, der Blasentang, ist wohl die bekannteste Braunalgenart. Er wird vor allem wegen seines ungewöhnlichen Reichtums an Mineralien und Spurenelementen, Vitaminen und Alginaten geschätzt. Die Wirkstoffe von *Fucus* werden durch eine Alkohol-Wasser-Lösung bei 45 bis 50 Grad Celsius entzogen, in der die Algen ungefähr drei Wochen eingeweicht

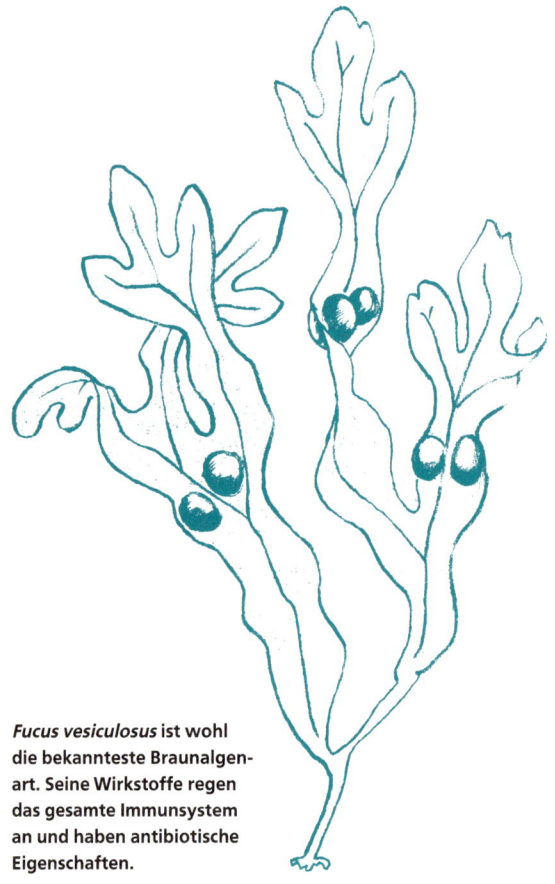

Fucus vesiculosus **ist wohl die bekannteste Braunalgenart. Seine Wirkstoffe regen das gesamte Immunsystem an und haben antibiotische Eigenschaften.**

Kohlenhydrat-Stoffwechsel sowie die Nierenfunktion an.

Das Forschungsinstitut einer japanischen Universität hat sogar krebsbekämpfende und immunstärkende Eigenschaften eines weiteren Wirkstoffs von *Fucus*, dem Fucoidin, festgestellt. Fucoidin ist die Schleimaussonderung, die die Algen, die hauptsächlich die Gezeitenzonen besiedeln, bei Ebbe vor dem Austrocknen schützt. *Fucus* ist ein ausgezeichneter Nahrungsmittel-Ergänzungsstoff zur Bekämpfung von Schilddrüsenunterfunktion, Kropf, Rheumatismus, Gicht und Erkrankungen der Atemwege wie Bronchialasthma. Er wirkt Mineralstoffmangel entgegen und ist deshalb bei Schlankheitskuren zu empfehlen. Weiterhin hilft er zur allgemeinen Entgiftung und bekämpft Cellulitis.

Laminaria digitata und *Laminaria japonica* (oder *longicrus*) sind unter anderem im Atlantik, vor der Küste der Bretagne, beheimatet und werden als **Kombu** bezeichnet. Kombu ist sehr jodhaltig und enthält 500mal soviel Jod wie »Erd«-Gemüse, der Magnesiumgehalt beträgt etwa das Zehnfache anderer Gemüse. Auch der Gehalt an Eisen, Calcium, Phosphor, Chlor und den Vitaminen B_1 und C ist bedeutend. Wenn man Kombu trocknet,

und dann abgefiltert werden. Die so entzogenen Kohlenhydrate regen unser Immunsystem an. Außerdem enthält *Fucus* Stoffe mit ausgesprochen antibiotischen Eigenschaften, die ebenfalls durch die Alkohol-Wasser-Lösung gewonnen werden. *Fucus* kurbelt außerdem den Fett- und

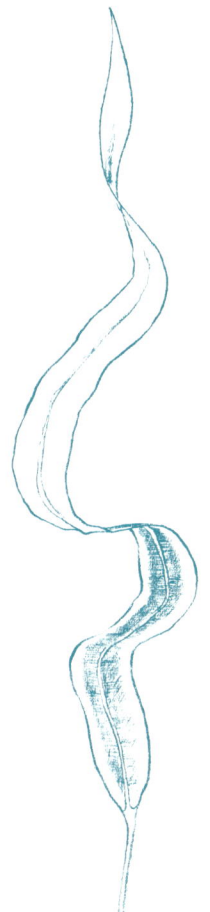

leicht verdaulich, bekämpft unangenehme Gasbildung und schmeckt natürlich auch viel besser.

Undaria pinnatifida oder **Wakame** ist besonders reich an Alginsäure und deshalb gut zur Entgiftung des Körpers von Schwermetallen geeignet (siehe *Seite 49*). Zudem enthält es nützliche Mineralien, zum Beispiel Eisen, Magnesium und Calcium, Kalium, Phosphor, Schwefel und Selen, sowie Vitamin C und Vitamine der B-Gruppe. Wakame ist bei Herzerkrankungen und Bluthochdruck zu empfehlen, verbessert außerdem den Zustand von Haut, Haaren und Nägeln.

Als Kombu bezeichnet man verschiedene Arten der Braunalgen-Gattung *Laminaria*, die besonders viel Jod und lebenswichtige Mineralien sowie Vitamine enthalten.

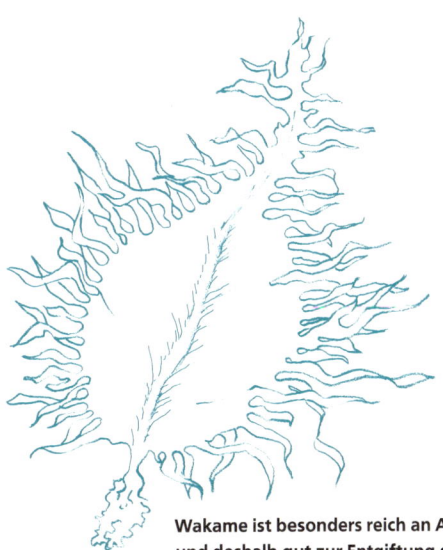

Wakame ist besonders reich an Alginsäure und deshalb gut zur Entgiftung des Körpers von Schwermetallen und Nikotin geeignet.

dann erhält man eine der härtesten Algen überhaupt. Deshalb benutzt man es häufig als Pulver oder man kocht kleine Stückchen davon in der Suppe mit. Dadurch wird diese besonders

Neuere Studien an der Universität von Hawaii haben weitere »Tugenden« der Wakame-Alge entdeckt: Sie stärkt das Immunsystem, übt einen gewissen Krebsschutz aus (insbesondere bei Lungenkrebs) und reduziert die toxische Wirkung des Nikotins.

Wakame wird hauptsächlich zur Herstellung von Brühe und Suppe verwendet. Man läßt sie dafür am besten in etwas Wasser vorquellen.

Cystophyllum fusiforme oder **Hijiki** ist außerordentlich reich an Mineralien und Spurenelementen (bis zu 34 Prozent ihres Trockengewichtes!). Sie enthält besonders viel Calcium, und zwar zehnmal mehr als Milch. Vor allem das ideale Verhältnis der verschiedenen Mineralstoffe zueinander läßt Hijiki den Zustand von Zähnen, Haut und Haaren verbessern. Zudem regt sie den Blutkreislauf an und senkt den Cholesterinspiegel.

Sie sollte in etwas Wasser eingeweicht und dann Suppen und Salaten zugefügt werden.

Rotalgen

Gelidium corneum wird im allgemeinen als **Agar-Agar** bezeichnet (allerdings gibt es auch Agar-Agar, der aus mehreren Algenarten gemischt wird). Man verwendet ihn als Bindemittel in der Lebensmittelindustrie und im Haushalt. In wissenschaftlichen Labors wird Agar-Agar als Nährboden für Bakterien- und Pilzkulturen verwendet. Im Handel finden Sie ihn in Form von Flocken, Pulver oder Stangen. Doch die Schleimstoffe dieser Rotalge werden auch in der Medizin genutzt, zum Beispiel um entzündete Schleimhäute zu schützen und die Darmtätigkeit zu regulieren. Agar-Agar ist reich an Mineralsalzen, enthält aber praktisch keine Kalorien. Er wirkt harntreibend, leicht abführend und entgiftend. Als Tee genossen, lindert er trockenen Husten und Bronchialkatarrh.

Tee gegen Husten

5 g Agar-Agar-Algenpulver
1 l Wasser

Das Algenpulver in das Wasser geben und drei Minuten kochen lassen.

Chondrus crispus, volkstümlich auch **Carrageen** oder **Irisches Moos** genannt, zeichnet sich wie *Gelidium corneum* durch eine hohe Quellfähigkeit aus und trägt als Ballaststoff zu einer geregelten Verdauung bei. Die Schleimstoffe lagern außerdem einen Schutzfilm an der Darmwand ab; Reizungen wird so nicht nur vorgebeugt, sondern sogar abgeholfen. Carrageen ist aber kein Abführmittel im eigentlichen Sinne, sondern wirkt eher normalisierend, denn es wird gleichermaßen erfolgreich bei Durchfall, Enteritis, Verstopfungen und Reizdarm eingesetzt.

Tee gegen Darmprobleme

5 g Irisches Moos-Algenpulver
1 l Wasser

Algenpulver in das Wasser geben und drei Minuten kochen lassen. Vier bis 15 Gramm täglich, das bedeutet einen bis drei Liter Tee.

Irisches Moos ist reich an Jod und Vitamin C. Deshalb wird es auch als vorbeugendes Mittel gegen Rachitis und Lymphatismus sowie zur Stärkung des Immunsystems geschätzt. Carrageen kann aber auch äußerlich als Packung angewendet werden, um Entzündungen zu lindern sowie ermüdete und gereizte Augen und Augenlider zu erfrischen.

Palmaria palmata oder **Dulse** ist eine Rotalge, die im Atlantik zu Hause ist. Sie ist sehr reich an Mineralstoffen, vor allem an Eisen. Deshalb ist sie für Vegetarier, gegen Blutarmut, während der Schwangerschaft, nach Operationen oder längerer Bettlägerigkeit sehr empfehlenswert. Außerdem bekämpft sie erfolgreich Magen- und Darmprobleme.

Porphyra tenera und *P. yeyoensis*, unter dem Namen **Nori** im Handel erhältlich, werden besonders gern bei der Kinderernährung ver-

Verschiedene *Porphyra*-Rotalgen werden unter dem Namen Nori wegen ihres hohen Vitamingehalts besonders in der Kinderernährung eingesetzt.

wendet, weil sie reich an Beta-Carotin, Vitamin C und den Vitaminen der B-Gruppe sind sowie einen hohen Proteingehalt besitzen. Nori ist bei zu hohem Cholesterinspiegel sowie bei Anämie und bei Schilddrüsenunterfunktion zu empfehlen. Außerdem enthalten sie einen Wirkstoff, der äußerst effektiv Magengeschwüre sowie verschiedene bakterielle Infektionen, zum Beispiel durch *Salmonella*, *Staphylococcus* oder *Escherichia coli*, bekämpft.

Besonders gut schmecken Nori-Algen leicht angeröstet und dann zerkrümelt in Gemüse und Suppen oder aber als ganze, schön »fleischige« Blätter für Reis- und Gemüseröllchen.

Grünalgen

Dunaliella salina ist besonders reich an Xantophyllen und Beta-Carotin (bis zu zehn Prozent des Trockengewichtes). Beta-Carotin ist ein effektives Antioxidans (siehe *Seite 28*) und gut für Augen und Haut. Wie viele andere Algen auch, hat *Dunaliella* eine entgiftende Wirkung und ist wie Wakame besonders Rauchern und Menschen, die Umwelt- und sonstigen Giften ausgesetzt sind, zu empfehlen.

Süßwasseralgen

Bei Süßwasseralgen ist der Jodgehalt verschwindend gering – etwa so hoch wie bei sonstigem Gemüse. Wer an Schilddrüsenüberfunktion leidet und die Meeresalgen deshalb nur mit großer Vorsicht genießen sollte, kann unbeschwert auf die »süßen Schwestern« zurückgreifen.

Süßwasseralgen können ohne besondere Schwierigkeiten »angebaut« werden. Sie vermehren sich mit rasanter Geschwindigkeit und sind hervorragende Nährstofflieferanten.

Grünalgen

Scenedesmus obliquus oder *acutus* sind grüne Mikroalgen, die in Becken mit Süßwasser oder mit sehr schwachem Salzgehalt »angebaut« werden. Sie enthalten sehr viel Eiweiß (bis zu 55 Prozent des Trockengewichtes). Außerdem sind sie reich an Vitamin B_1 oder Thiamin (das Vierfache von Hühnereiern) und Vitamin B_2 oder Nicotinsäure (das 20fache von Eiern!), den Vitaminen A, C und E sowie Carotinen. Sie helfen, den Cholesterinspiegel zu senken. Gicht- und Rheumakranke sollten bis zu 40 Gramm täglich als Tee oder in Pulverform einnehmen. *Scenedesmus* kann auch äußerlich zur Beschleunigung der Wundheilung mit glatter Narbenbildung oder allgemein zur Hautpflege angewendet werden.

Chlorella ist eine einzellige Alge, die ausgesprochen anpassungsfähig ist. Sie besiedelt Seen, Buchten und Flußmündungen, aber auch Baumstämme und Felsen. Unter günstigen Bedingungen vermehrt sich *Chlorella* mit beeindruckender Geschwindigkeit: innerhalb von 24 Stunden um das 40fache. Eine Oberfläche von der Größe eines Hektars kann daher einen Ertrag von etwa 3 000 Tonnen pro Jahr abwerfen. Das ist das 20fache (gemessen an der Eiweiß-Ausbeute) einer gleichflächigen Sojaernte und das 95fache eines entsprechenden Weizenanbaus. Ganz zu schweigen von den Eiweißen tierischer Herkunft, die das Fünffache an Boden im Verhältnis zum Getreide erfordern.

Chlorella ist, soweit bekannt, die beste Chlorophyllquelle (sieben Prozent ihres Trockengewichtes). Chlorophyll ist unseren roten Blutkörperchen chemisch gesehen so ähnlich, daß es als »pflanzlicher Blutspender« bezeichnet werden kann. Deshalb ist *Chlorella* besonders bei Blutarmut, in der Schwangerschaft und in der Stillzeit zu empfehlen. Außerdem ist sie ein ausgezeichneter Blutreiniger, Entgifter und Muntermacher. Sogar bei der Behandlung von Diabetes und Asthma ist *Chlorella* mit Erfolg eingesetzt worden. Wegen ihres Zinkreichtums sollte sie auch bei Schwächezuständen, Müdigkeit und in Streß-Situationen vermehrt zu den Mahlzeiten gehören. Besonders von Vegetariern wird außerdem ihr hoher Gehalt an Vitamin B_{12} geschätzt, das ansonsten hauptsächlich in tierischen Innereien vorkommt. *Chlorella* ist weiterhin bei Schlankheitskuren zu empfehlen, da sie Mangelerscheinungen und Schwächezuständen vorbeugt.

Insgesamt werden auf der Welt zur Zeit etwa 500 000 Kilogramm (Trockengewicht) der Alge jährlich verkauft. *Chlorella* kostet häufig mehr als *Spirulina* (siehe *unten*), weil sie einen längeren Verarbeitungsprozeß erfordert. Ihre Zellwände sind nämlich härter und unverdaulich, was zu Darmproblemen führen kann. Aus diesem Grunde sollte *Chlorella* auch nicht in übergroßer Menge verzehrt werden, während bei *Spirulina* diesbezüglich keine Probleme bestehen.

Blaualgen

Spirulina, eine mehrzellige Mikroalge, kommt in ungefähr 30 Arten vor; die bekanntesten davon sind *Spirulina platensis*, ursprünglich aus dem Tschadsee in Afrika, und *Spirulina maxima*, die aus dem Texcoco-See in Mexiko stammt. Bereits die Azteken bedienten sich der *Spirulina*, um ihre Leistungsfähigkeit und Widerstandskraft zu erhöhen. Seit über 200 Jahren wird *Spirulina* nun schon erforscht und auch bei uns vielseitig angewendet: als allgemeines Stärkungsmittel für Kinder und ältere Menschen, nach Krankheiten, für Sportler und bei Schlankheitskuren. Denn die Alge drosselt zwar das Hungergefühl, versorgt den Körper aber gleichzeitig mit lebenswichtigen Aminosäuren und wirkt so Stoffwechselstörungen und Mangelerscheinungen entgegen.

Wer in Länder mit tropischem Klima und bedenklichen Hygienezuständen reist, sollte unbedingt *Spirulina* im Gepäck haben, um Durchfall vorzubeugen und zu behandeln. 30 bis 50 *Spirulina*- oder andere Mikroalgentabletten können diese Erkrankung innerhalb von 24 Stunden stoppen. Die zahlreichen wissenschaftlichen Studien belegen die Fähigkeit dieser Mikroalge, unser Immunsystem anzukurbeln und wahrscheinlich sogar Reparaturen an der DNS (Desoxyribonucleinsäure, unsere genetische Datenbank) vorzunehmen. Auch antivirale, entgiftende und cholesterinsenkende Wirkungen wurden nachgewiesen.

Aphanizomenon flos-aquae **enthält seltene Spurenelemente und hat einen hohen Vitamin-B$_{12}$-Gehalt, der besonders für Vegetarier wichtig ist. Dennoch ist ihre Anwendung umstritten.**

Aphanizomenon flos-aquae (Klamath-Alge) gedeiht im Upper Klamath-See im US-Staat Oregon. Unser Organismus verwertet ungefähr 97 Prozent dieser Alge, was weit über den sonst als leichtverdaulich und hochkonzentriert angepriesenen Nahrungsmitteln liegt. Der Fächer der essentiellen Aminosäuren und Mineralstoffe ist besonders breit und harmonisch. Die Alge enthält sogar die Spurenelemente Bor (wirkt entwässernd) und Molybdän (bindet Eisen und beugt Karies vor), die in *Spirulina* und *Chlorella* nicht vorkommen. Beachtenswert ist auch der Vitamin-B$_{12}$-Gehalt: Bereits 1,5 Gramm der Klamath-Alge decken den durchschnittlichen Tagesbedarf, was vor allem für strenge Vegetarier von Interesse sein dürfte (siehe *Seite 43*). Doch es gibt seitens der Wissenschaft auch warnende Stimmen. Die Alge, die erst vor 16 Jahren für die menschliche Ernährung entdeckt wurde und von der jährlich etwa 200 000 Kilogramm Trockengewicht auf den Markt kommen, entwickelt unter bestimmten, bisher noch nicht geklärten Umständen ein Nervengift, das zwar nicht tödlich ist, über dessen Auswirkungen aber auch noch sehr wenig bekannt ist. Deshalb warnen manche Wissenschaftler vor dem Verzehr der Klamath-Alge, doch da sie sehr viele Vorteile bietet, wollten wir sie Ihnen wenigstens vorstellen.

■ *Zum Thema Jod*

Die weitaus reichste Jodquelle ist das Meer. Doch nicht nur das Meerwasser ist stark jodhaltig, sondern natürlich auch alle Nahrungsmittel, die aus dem Meer stammen, also Vollmeersalz, Fisch, Muscheln und Krebse und natürlich die Algen. Sogar die Luft am Meer, vor allem bei Wind und starkem Seegang, enthält Jod und wirkt über Haut und Atemwege belebend auf den ganzen Organismus. Aus diesem Grund ist ein Strandurlaub in vieler Hinsicht für die meisten Menschen empfehlenswert. Appetitlose Kinder essen besser und nehmen zu; übergewichtige Menschen hingegen haben weniger Schwierigkeiten mit dem Abnehmen. Die Immunkräfte werden gestärkt, so daß man über viele Monate hinweg gegen Erkältungen und grippale Infekte gefeit ist. Sogar das Gedächtnis und die allgemeine geistige Leistungsfähigkeit können deutlich verbessert werden. Außerdem ist eine ausreichende Jodversorgung unerläßlich für eine gesunde und optimal arbeitende Schilddrüse.

Seit Jod 1811 als Element entdeckt wurde, sind zahlreiche Untersuchungen angestellt worden, um seine Bedeutung für den Menschen besser zu verstehen. Dieses Element beugt nicht nur der Kropfbildung vor, sondern es sind zudem viele weitere wichtige Stoffwechselvorgänge von ihm abhängig. Ein Jodmangel kann zu Symptomen wie chronischer Müdigkeit oder Schläfrigkeit, Lustlosigkeit, Muskelschwäche, übermäßiger Kälteempfindlichkeit, verlangsamten Reflexen, Veränderungen an Nägeln, Haut und Haaren oder Gewichtszunahme führen. In Pennsylvania und Ontario wurden 143 Frauen mit Knotenbildungen in der Brust (fibrozystischer Mastopathie) zusätzlich mit Jod versorgt. Die tägliche Dosis führte in 72 Prozent der Fälle zum Verschwinden der Brustschmerzen und auch bei den übrigen Patientinnen wurde eine deutliche Besserung des Zustands verzeichnet. Vor allem waren die typischen Knoten bei den nachfolgenden Tests, zum Beispiel Mammographien, verschwunden.

Laut Schätzungen der Weltgesundheitsorganisation (WHO) ist Jodmangel während der Schwangerschaft eine der Hauptursachen für Gehirnschäden des Embryos und seine verzögerte Entwicklung. Schon ein geringfügiger Jodmangel kann laut WHO die Intelligenzentwicklung eines Kindes um zehn Prozent beeinträchtigen.

Ein Jodmangel ist auf verschiedene Ursachen zurückzuführen. Ein Grund kann die ungenü-

Unser Ackerland wurde seit Jahrtausenden schon nicht mehr von jodhaltigem Meerwasser bedeckt und ist inzwischen recht arm an Jod. Folglich sind es auch die dort angebauten Pflanzen. Relativ jodreiche Nahrungsmittel sind:

	Jodgehalt in Milligramm (mg) bzw. Mikrogramm (µg) pro 100 g Trockengewicht
Meeresalgen	*0,2–300 mg*
Seelachs	*200 µg*
Scholle	*200 µg*
Schellfisch	*200 µg*
Miesmuscheln	*170 µg*
Krabben	*130 µg*
Kabeljau	*120 µg*
Rotbarsch	*100 µg*
Makrele	*75 µg*
Thunfisch	*50 µg*
Hering	*50 µg*
Heilbutt	*50 µg*
Lachs	*34 µg*
Möhren	*14 µg*
Brokkoli	*14 µg*
Grünkohl	*12 µg*
Spinat	*12 µg*
Milch	*11 µg*
Spargel	*7 µg*
Kartoffeln	*5 µg*

gende Zufuhr von jodhaltigen Lebensmitteln sein, ein anderer der übermäßige Verzehr von Nahrungsmitteln, die eine hemmende Wirkung auf die Schilddrüse ausüben, zum Beispiel alle Kohlarten, oder die Einnahme bestimmter Arzneimittel, die Perchlorate, Thiocyanate, Paraminosalicylsäure oder Resorcinol enthalten.

Die Weltgesundheitsorganisation empfahl bis vor kurzem eine tägliche Jodzufuhr von mindestens 140 Mikrogramm für einen erwachsenen Mann und 110 Mikrogramm für eine erwachsene Frau, die während der Schwangerschaft und Stillzeit allerdings mehr benötigt. Nach neueren Berechnungen liegt dieser Bedarf womöglich sogar um 200 Mikrogramm für alle Bevölkerungsgruppen, damit möglichen Mangelerscheinungen vorgebeugt werden kann. Da die heute verbreitete Nahrung, vor allem aber die westliche »Industrienahrung«, häufig unter dieser Mindestvorgabe an Jod liegt, besteht bei Menschen, die nicht in Küstennähe wohnen, eine akute Gefahr von Jodmangelerscheinungen. Es hat mittlerweile sogar den Anschein, daß selbst viele Küstenbewohner unzureichend mit Jod versorgt sind.

In vielen Ländern, zum Beispiel in China und Indien, wurde dieser Gefahr seit Jahrtausenden mit Erfolg durch regelmäßigen Verzehr von

Meeresalgen vorgebeugt. In anderen Ländern hingegen, vor allem in Gebirgsgegenden, litt die Bevölkerung häufig unter Kropf und Kretinismus (Zurückbleiben der körperlichen und geistigen Entwicklung aufgrund einer Schilddrüsenunterfunktion).

Um Mangelerscheinungen vorzubeugen, wird in der Regel der Einsatz von jodiertem Speisesalz empfohlen. Da man annimmt, daß jeder täglich eine gewisse Menge Salz konsumiert, wäre über das Speisesalz eine regelmäßige Zufuhr (etwa 60 Mikrogramm pro Tag) garantiert. Zudem scheint Salz als »Jodträger« ideal zu sein, weil ursprünglich ja auch im Meersalz Jod enthalten ist. Aber ist dies nicht ein Widerspruch? Zunächst entzieht man dem Meer in den Salinen durch Trockenlegung das Salz und raffiniert dieses, um »reines« Natriumchlorid zu erhalten, aus dem Jod und alle anderen Mineralstoffe und Spurenelemente entfernt sind, und dann wird wieder Jod hinzugefügt.

Aber nicht jeder Bundesbürger leidet automatisch unter Jodmangelerscheinungen. Wer Vollmeersalz mit natürlichem Jod verwendet, mindestens ein- oder zweimal in der Woche Meerfisch und womöglich zusätzlich noch Meeresalgen als Ergänzung zu sich nimmt, der ist sicherlich bestens mit Jod versorgt. Eine zusätzliche »Zwangsversorgung«, wie sie vielerorts befürwortet wird, wäre diesen Menschen nicht von Nutzen. Doch man kann die zusätzliche und immer unfreiwillige Versorgung mit Jodsalz nicht vermeiden, denn eine zunehmende Anzahl von Bäckern und Metzgern greift schon jetzt auf dieses Salz zurück. Es könnte so weit kommen, daß man kein Fertigprodukt mehr findet, in dem Jodsalz nicht enthalten wäre – sicherlich ein beträchtlicher Gewinn für bestimmte Industrien, aber durchaus nicht für den Geldbeutel der Verbraucher und auch nicht unbedingt für deren Gesundheit.

Wenn Sie Jodsalz kaufen wollen, dann lesen Sie in jedem Fall aufmerksam das Etikett: Nach neueren Forschungen sollten Sie Jodid bevorzugen, wie es zum Beispiel im natürlichen Meersalz enthalten ist.

Wenn Sie ganz sicher sein wollen, daß Sie das Jod in der natürlichsten Form aufnehmen, die von unserem Organismus am besten verwertet wird, dann greifen Sie doch direkt auf den Jodreichtum des Meeres, sprich: der Algen, zurück und stellen Sie Ihr eigenes Jodsalz her:

Jodsalz

1 kg Salz
20 g getrocknete Meeresalgen

Alles zusammen in den Mixer geben und solange vermengen, bis eine gleichförmige Mischung entstanden ist. Sofort in gut verschließbare kleine Glasdosen abfüllen. Eine Dose lassen Sie am besten gleich zum täglichen Gebrauch auf dem Küchenregal stehen.

Man sollte meinen, die besten Jodlieferanten überhaupt, das heißt bestimmte Meeresalgen, stünden jetzt besonders hoch im Kurs. Doch weit gefehlt! Man muß nur einmal auf einem Päckchen Meeresalgen die Packungsaufschrift aufmerksam lesen: Auf Englisch, Französisch, Spanisch und Italienisch wird die Anwendung in der Küche erläutert. Auf Deutsch steht dagegen der Zusatz »Nur äußerlich anzuwenden«, weil – so die Begründung – manche Menschen »jodempfindlich« sind. Aber worauf bezieht sich das genau? Es geht hier nicht um eine Allergie und auch nicht um eine Unverträglichkeit. Nach einer längeren Jodunterversorgung kann es vorkommen, daß sich der Körper schon in einem kritischen Bereich befindet und unter Umständen eine hohe Joddosis nicht ohne weiteres verkraften kann. Er sollte sich deshalb erst langsam wieder an den lebensnotwendigen Stoff gewöhnen. In solchen Fällen sind zwei bis fünf Gramm Algen am Tag mehr als ausreichend. Wer also im Landesinneren oder sogar im Gebirge lebt, seit mindestens acht Monaten keinen Seeurlaub mehr gemacht hat und nicht regelmäßig jodreiche Nahrung aus dem Meer zu sich nimmt, der sollte mit kleinen Algenmengen beginnen und diese ganz allmählich steigern. Fragen Sie Ihren Arzt, er kann Ihren persönlichen Jodbedarf feststellen.

Das in den Algen enthaltene Jod ist organischer Natur, also an eine Kohlenstoffverbindung angelagert, und dem Schilddrüsenhormon Thyroxin sehr ähnlich, so daß es vom Körper besonders leicht »erkannt« und verwertet werden kann. Allerdings ist bei einer Schilddrüsenüberfunktion vom Verzehr von Meeresalgen abzuraten. Eine Schilddrüsenüberfunktion (Hyperthyreoidismus) ist jedoch relativ selten – im Gegensatz zur weitverbreiteten, mehr oder weniger ausgeprägten Unterfunktion – und ist auch die einzige wirkliche Gegenanzeige für den Gebrauch von Meeresalgen.

Algen gegen Strahlungsbelastungen

Bereits 1964 bewiesen Forscher am Gastroenterologischen Institut der Universität MacGill in Kanada unter der Leitung von Professor Sloryna, daß die Galvansäure und die Alginsäure der Laminarien (Braunalgen) die Aufnahme von radioaktivem Strontium-90 verhindert.

Vorsicht, Schwermetalle!

Man mag darüber streiten, wer die Hauptschuld an der Umweltverschmutzung mit giftigen Metallen wie Blei, Cadmium und Quecksilber trägt. Industrie und Verkehr haben sicherlich ihren Beitrag dazu geleistet. Aber auch andere Faktoren, die zwar gering erscheinen, aber unser Leben ebenfalls beeinflussen, sollten nicht vergessen werden: Zum Beispiel das Blei in alten Wasserleitungen sowie in einigen Arten von Haarfärbemitteln; das Quecksilber in Zahnfüllungen, in Papier, Tabak und einigen Pflanzenschutzmitteln sowie das Cadmium im Tabak und in bestimmten Plastikmaterialien.

Rückstände dieser Metalle wirken sich negativ auf unseren Stoffwechsel aus und führen zu zahlreichen Krankheitssymptomen, deren Ursachen nicht immer leicht zu erkennen sind. Langjährige Erfahrungen sowie zahlreiche Laborversuche haben gezeigt, daß sowohl Meeres- als auch Süßwasseralgen dagegen wirken können, indem ihre Kohlenhydrate die Schwermetalle an sich binden und sie dadurch unschädlich machen.

Unser Organismus ist seit jeher einer natürlichen Radioaktivität ausgesetzt, denn die aus dem Kosmos dringenden Strahlungen werden nur zum Teil durch die Erdatmosphäre herausgefiltert, und auch aus der Erdkruste selbst erreichen uns gewisse Mengen von Strahlungen, die uns jedoch nicht weiter schaden. Doch die von Menschenhand geschaffenen oder verursachten Strahlungen sind inzwischen in so starkem Maß vorhanden, daß unser Körper immer mehr und intensiveren Strahlungen ausgesetzt ist. Denken wir nur einmal an die Versuche mit Atombomben, die Unfälle an Atommeilern, aber auch an Röntgenaufnahmen.

Algen können uns helfen, mit dieser zunehmenden Belastung fertig zu werden, indem sie einerseits unsere Abwehrkräfte stärken, andererseits aber sogar eine ausgleichende Wirkung besitzen. Die Laminarien, darunter besonders die Kombu-Alge, verhindern nämlich nicht nur die Aufnahme von radioaktiven Isotopen, sondern tragen sogar dazu bei, daß diese wieder ausgeschieden werden, selbst wenn sie bereits in der Knochenstruktur abgelagert sind. Weiterhin können sie Jod-131, das äußerst schädlich für unsere Schilddrüse ist, »vertreiben«, indem das in den Algen enthaltene Jod das gefährliche Isotop ersetzt und dieses ausgeschieden werden kann. Wichtig für die Entgiftung ist auch das

Natriumalginat, das chemisch mit zahlreichen für den menschlichen Organismus schädlichen Substanzen reagiert. Es kommt zu einer »Chelierung«: Wie die Fänge eines Krebses (von griechisch »chele« für Krebsarme) umschließt das Alginat die gefährlichen Stoffe in einer Ringstruktur, die nicht wasserlöslich ist und deshalb mühelos mit dem Stuhl ausgeschieden werden kann.

■ Gibt es unerwünschte Nebenwirkungen?

Wie schon erwähnt, ist bei Schilddrüsenüberfunktion von Algenverzehr abzuraten (siehe *Seite 48*). Darüber hinaus kann es nützlich sein, einige Wirkungen, die gelegentlich zu Beginn einer »Algenkur« (auch mit Mikroalgen oder Süßwasseralgen) auftreten können, zu erkennen und deuten zu können. Es handelt sich dabei nicht um unerwünschte Nebenwirkungen im eigentlichen Sinne, sondern im allgemeinen eher um eine Reaktion des Körpers, die eine Entschlackung anzeigt. Diese Reaktionen müssen aber nicht in jedem Fall auftreten.

Vermehrte Gasbildung
Durch den Verzehr von Algen kann es vorübergehend zu vermehrter Gasbildung kommen.

Dieses Phänomen verschwindet allerdings nach recht kurzer Zeit wieder. Im allgemeinen wirken Algen sogar der Gasbildung entgegen, weshalb sie auch Hülsenfrüchten beim Kochen zugesetzt werden (siehe *Seite 69*).

Rückkehr früherer Beschwerden
Frühere chronische oder »verschleppte« Beschwerden können vorübergehend auftauchen, um dann nach zwei bis drei Tagen gänzlich zu verschwinden. Dieser Effekt tritt häufig auch bei homöopathischen Therapien, Fastenkuren und Entschlackungsdiäten auf und gibt keinen Anlaß zur Besorgnis.

Hautreaktionen
Hautreaktionen treten besonders bei Personen auf, die ohnehin dazu neigen. Es muß sich nicht unbedingt um eine Allergie oder Unverträglichkeit handeln, sondern ist möglicherweise auf einen »Reinigungsprozeß« zurückführen, der das Immunsystem stärkt und normalisiert.

Stuhlveränderungen
Manchmal färbt sich der Stuhl grün, insbesondere nach dem Verzehr von *Chlorella*. Dies zeigt nur, daß auch ein Teil des Chlorophylls ausgeschieden wird.

Algen auf dem Speisezettel

Falls Sie zu den Leuten gehören sollten, die spontan sagen: »Algen, igitt, wie kann man die essen?«, dann wußten Sie wahrscheinlich nicht, daß Sie das praktisch tagtäglich tun. In Speiseeis und sonstigen Desserts, in Suppen und Cremes, in Fruchtbonbons, Gelees, Gelatinen und Aspik werden nämlich Algenextrakte als Binde-, Konservierungs- und Geliermittel von der Lebensmittelindustrie und von handwerklichen Betrieben laufend eingesetzt. Und auch der Schaum auf belgischem, dänischem oder spanischem Bier, die ja nicht dem deutschen Reinheitsgebot unterstehen, erhält womöglich durch den Zusatz von Algenextrakten mehr »Standfestigkeit«.

Sie fragen sich, warum Sie dies noch nicht auf den Packungen gelesen haben? Womöglich kannten Sie die spezifischen Ausdrücke wie Alginat oder Carrageen bisher nicht; außerdem müssen die sogenannten »technischen Hilfs-

Lebensmittelzusätze können zwar auch Nährstoffe sein, sind aber oft synthetisch hergestellte Substanzen, die unser Körper nicht »erkennt« und verarbeitet und die so leicht zu Unverträglichkeiten führen können.

Die Typen der Lebensmittelzusätze:
E 100er: Farbstoffe
Nicht alle sind toxisch, aber im Grunde ist keiner davon notwendig, sondern sie dienen eher der Sinnestäuschung.
E 200er: Konservierungsstoffe
Sie sind bei bestimmten Produkten unerläßlich, aber es gilt immer: Frische Nahrungsmittel sind vorzuziehen!
E 300er: Antioxidantien
Einige sind unbedenklich, andere weniger, manche können sich mit der Zeit sogar in toxische Stoffe verwandeln. Wie die Konservierungsmittel können Sie sie vermeiden, wenn sie frische Produkte kaufen.
E 400er: Emulgatoren
Die Emulgatoren, die aus Algen gewonnen werden, nämlich E 400 bis E 407, sind unbedenklich. Sie können bis zur Nummer E 440 beruhigt sein, darüber, bei den Num-

mern 450 und 460 bis 466, ist eher Vorsicht geboten. E 450, Kaliumpolyphosphat, kann einige Enzyme blockieren und so zum Beispiel negativ auf den Calciumstoffwechsel einwirken, was insbesondere bei Kindern schwere Folgen haben kann. E 460 bis 466 werden aus Cellulose gewonnen und unter anderem als Ballaststoffe eingesetzt, die allerdings auch Verdauungsprobleme verursachen können.

mittel« nicht ausdrücklich aufgeführt werden. Aber achten Sie doch einmal darauf: Die Lebensmittelzusatzstoffe E 400 bis E 407 gehören alle dazu: E 400 bis E 405 sind Alginate, die aus Braunalgen gewonnen werden. E 406 ist Agar-Agar, meist aus *Gelidium corneum* hergestellt, manchmal besteht es aber auch aus einer Mischung verschiedener Algen. Und E 407 ist Carrageenan, das aus der Alge *Chondrus crispus* (Irisches Moos, Carrageen) gewonnen wird.

Dazu gleich einen *Tip*: Wenn Sie Ihrem Pudding oder einem Cremekuchen Halt verleihen wollen, dann verwenden Sie besser Carrageen (im Handel auch als »Kanteen flakes« bezeichnet), denn Agar-Agar wird unter Umständen hart und seine Verarbeitung erfordert gewisse technische Voraussetzungen, die in einem Privathaushalt in der Regel nicht gegeben sind.

Wenn Sie also künftig unter dem Stichwort »Emulsionsstoffe« oder »Emulgatoren« die Ziffern E 400 bis E 407 finden, dann wissen Sie jetzt, daß es sich um ganz natürliche Substanzen handelt, die außerdem Ihrer Gesundheit dienen. Sie sind auf jeden Fall denen aus der Kategorie E 450 vorzuziehen, denn das sind Natrium- und Kaliumpolyphosphate, die die Calciumverwertung im menschlichen Organismus behindern können. Auch die Stoffe mit den Nummern 460 bis 466 sind nicht ganz unbedenklich, weil diese aus der Cellulose gewonnenen Faserstoffe unter Umständen Darmbeschwerden hervorrufen können.

■ *Meeresgemüse,* *seit jeher eine Delikatesse*

Schon am chinesischen Kaiserhof wußte man den vorzüglichen Geschmack und die wohltuende Wirkung einiger Meerespflanzen zu schätzen. Bereits im sechsten Jahrhundert vor Christus war man der sicheren Überzeugung: »Meeresgemüse ist eine Delikatesse, die man Gästen von hohem Rang vorsetzen sollte.« – und das nicht nur wegen seines Geschmacks.

Auch auf Hawaii stehen Algen schon seit jeher

Für die menschliche Ernährung kommen hauptsächlich 250 Algenarten in Frage. Zum Teil sind es die gleichen, die auch in der Pharmaindustrie genutzt werden. Hier einige Verwendungsformen für Algen und Algenextrakte, von denen die meisten seit langem Einzug in die Standardtechniken der Lebensmittelindustrie gehalten haben:

- *Puddings und Desserts wird »Halt« und Konsistenz verliehen.*
- *Fleisch und Fisch werden mit einer Schicht überzogen, die sie unter anderem länger haltbar macht.*
- *Fischstäbchen bekommen Halt und zerfallen nicht in Stückchen.*
- *Braten bleiben weich und zart, wenn man sie mit bestimmten Algenpräparaten bepinselt.*
- *Paniermehl haftet besser.*
- *Der Eigengeschmack vieler Lebensmittel (Fleisch, Obst, Gemüse) wird unterstrichen.*
- *Als Geschmacksverstärker in Soßen und Füllungen.*
- *Um unangenehmen Geschmack, zum Beispiel bei Arzneimitteln, zu überdecken.*
- *Eiweiße pflanzlicher Herkunft erhalten dank der Verwendung von Algen ein Aussehen und einen Geschmack, der dem des Fleisches sehr nahe kommt.*
- *Zur Stabilisierung von Füllungen: Sie werden hitze- und kältebeständiger.*
- *Zur Stabilisierung der Schaumbildung bei Getränken.*

auf dem Speiseplan der Menschen. Mindestens 70 Arten von »Limu« wurden auf Anweisung der hawaiianischen Könige an den dortigen Küsten gesammelt und zum Teil sogar schon angebaut.

Aber wir müssen gar nicht so weit weg gehen. Schon die Kelten und Wikinger kauten Dulse-Algen, um sich auf ihren langen Reisen bei Kräften zu halten, und in großen Landstrichen Nordeuropas gibt es auch heute noch Spezialitäten mit Algen. In Südwales zum Beispiel finden wir das »laverbread« auf den Wochenmärkten; in anderen Teilen Großbritanniens, vor allem auf den kleineren Inseln, werden »bladderwrack«, »carragheen«, »dabberlocks«, »sea lettuce«, »sloke«, »tangle« und »samphire« regelmäßig verzehrt.

Hierzulande sind die Algen schon lange vom Speisezettel verbannt, möglicherweise weil man im Mittelalter die Kräfte des Meeres für unbekannt, gefährlich und demzufolge dämonisch hielt. Es ist erstaunlich, wie lange doch die Folgen eines Aberglaubens anhalten können!

Die Japaner haben als Inselvolk nie ihre enge Beziehung zum Meer verloren. Dort beobachtet man seit Jahrhunderten, daß in den Gegenden, in denen regelmäßig Algen verzehrt werden, die Menschen besonders gesund, zäh, leistungsfähig und langlebig sind. Neuere Forschungen haben ergeben, daß sie ihre Ernährungsweise besonders vor Bluthochdruck und Gehirnblutung schützt. Die Japaner schwören zudem auf die Sorten Hijiki und Arame, die ihnen weiche und elastische Haut sowie dichtes und glänzendes Haar bescheren. Das ist kein Wunder, wenn man bedenkt, daß Meeresgemüse im Durchschnitt das Zehnfache an Mineralstoffen enthält wie »Erd«gemüse.

Besonders wichtig ist der Jodgehalt der Meeresalgen, der sich direkt auf die Schilddrüse und deren Hormonproduktion auswirkt. Man kann wohl zu Recht behaupten, daß diese Hormone auf sämtliche lebenswichtigen Funktionen Einfluß nehmen. (Mehr darüber können Sie ab *Seite 45* nachlesen.)

■ *Herkunft, Einkauf, Vorbereitung*

Wildgewachsen oder Bioanbau?

Ein großer Teil der Algen, vor allem der größeren Arten wie Kelp, wird auch heute noch im offenen Meer »gefischt«. Aber vielerorts gibt es schon riesige Anbaugebiete für Meeresgemüse. Besonders in Japan kann man manchmal kaum zwischen unter Wasser stehenden Reisfeldern und Algenfeldern unterscheiden. Die Japaner produzieren das Meeresgemüse nicht nur für den Eigenbedarf, sondern sind auch der größte Exporteur der Welt. Hier ein paar Zahlen: Allein von der Nori-Alge werden jährlich ungefähr zehn Milliarden »Blätter« »geerntet«. Jeder Japaner verspeist im Schnitt jährlich 96 Blatt davon.

Der Unterschied zwischen wildgewachsenen und angebauten Algen ist nicht sehr groß, wahrscheinlich deshalb, weil sich das Meer nicht wie ein Stück Ackerland düngen und bearbeiten läßt. Allerdings hat man festgestellt, daß beispielsweise die Nori-Alge in der wildgewachsenen Form mineralstoffreicher, geschmacksintensiver und fester ist. Vielleicht kann das offene Meer die Pflanzen einfach besser »versorgen«. Im allgemeinen sind angebaute Algen im Geschmack milder als ihre wildgewachsenen Verwandten.

In bezug auf Schadstoffe gibt es eine besonders

gute Nachricht: Im Gegensatz zu »Erd«gemüse sammeln sich Schadstoffe im »Wasser«gemüse nicht an, denn Algen gedeihen normalerweise nicht in verdreckten oder schadstoffreichen Gewässern. Die Ausnahme sind einige Algenarten, die sich von dem Nitratüberschuß ernähren, der durch die Flüsse aus den Agrargebieten ins Meer gelangt, und so zur Abwasserreinigung beitragen (siehe *Seite 10f.*). Wenn Sie also selbst Meerespflanzen sammeln wollen, dann sollten Sie einige Vorsichtsmaßnahmen beachten (siehe *Seite 14f.*). Aber beim Einkauf von Algen können Sie davon ausgehen, daß Sie kerngesundes Gemüse nach Hause tragen.

Und noch etwas: Sie können beim Kauf oder beim Sammeln praktisch nichts verkehrt machen, denn unter den Algen gibt es kaum giftige Arten. Nur ganz wenige Exemplare in tropischen Gebieten sind für den Menschen mehr oder weniger toxisch. Das bedeutet allerdings nicht, daß auch alle Algen tatsächlich gegessen werden sollten. Einige Arten sind nämlich zu hart und faserig, andere wieder schmecken einfach nicht.

Ein weiterer Vorteil von Algen ist, daß die gesamte Pflanze genießbar ist. Wir müssen also nicht wie bei der Kartoffel darauf achten, daß wir nur die Knolle erwischen, oder wie bei der

Porphyra-Algen (Nori) werden an ostasiatischen Meeresküsten auf im Wasser hängenden Netzen in regelrechten Feldern kultiviert. Wildwachsende Algen sind allerdings etwas reicher an Mineralien und Spurenelementen.

Aprikose, daß wir nur das Fruchtfleisch essen, aber Kern und Blätter entfernen.

Wo kaufe ich ein?

In Naturkostläden, Reformhäusern und dergleichen finden Sie zur Zeit ungefähr ein Dutzend verschiedene Algensorten. Sie werden sehen, daß diese recht verschieden aussehen und daß sie vor allem sehr unterschiedlich schmekken. Da wären zum einen die geschmacksneutralen Agar-Agar und Carrageen, die sich zum Gelieren, Festigen und Eindicken vorzüglich eignen. Dann die aromatische, fast pikante rote Dulse, die delikate Nori, die fast süßlich sanfte Kombu, die herzhafte Wakame und die charaktervolle Hijiki. Deshalb haben wir Ihnen eine ganze Reihe von Rezeptvorschlägen gemacht, die Sie natürlich ganz nach Ihrem eigenen Geschmack abwandeln können.

Was es fertig zu kaufen gibt

Wenn es einmal schnell gehen soll oder wenn man gerade nicht alle Zutaten zur Hand hat, aber doch einen leckeren Imbiß mit Algen zubereiten möchte, oder auch einfach nur, um auf den Geschmack zu kommen, kann man auch zu Fertigprodukten greifen. Es gibt eine Reihe Delikatessen, die Algen enthalten.

Von besonderem kulinarischen Interesse sind die verschiedenen Soßen und Patés. Es gibt zum Beispiel eine Arame-Soße mit Gemüse, die ausgezeichnet zu Reis oder Nudeln schmeckt und sich ebenso zum Bestreichen von Schnittchen eignet. Oder man kann eine gelungene Mischung aus Pilzen und Arame-Algen kaufen, die Reissalate und verschiedene Vorspeisen bereichert und kaltem Geflügel ein unvergleichliches Aroma verleiht. Wer es gerne herzhaft mag, wird zu Kombu mit Tamari (Sojasoße) als Brotbelag greifen oder etwas lasch geratenes Gemüse oder Käse damit

auffrischen. Die Mischung Hijiki-Karotten ist etwas ganz Besonderes für Beilagen aller Art oder zum Vermischen mit Reis, Nudeln und Polenta. Eine herzhafte, wunderbar cremige Paté besteht aus Kombu, verschiedenen Zwiebelgemüsen und Gewürzkräutern. Ihre Verwendung ist vielseitig und reicht vom Brotaufstrich über Füllungen bis zur Anreicherung von Salatsoßen. Mannigfaltig ist auch die Verwendung von »Contorsano«, das aus Pilzen, Arame-Algen, Olivenöl, Petersilie und Knoblauch besteht. Ebenso »Condisano« aus Arame-Algen, Gemüse, Gewürzkräutern und Olivenöl (in allen Fällen kalt gepreßt).

Die ganze Produktserie trägt den hübschen Namen »Orto azzurro«, das bedeutet »blauer Gemüsegarten«, weil ein Teil der Zutaten aus dem Meer stammt.

Tip: Die Patés eignen sich besonders zum Füllen von Tomaten oder Paprikaschoten, die im Ofen gebacken oder gegrillt werden.

Eher diätetisch ausgerichtet sind die Algengetränke: Einmal Kombu-Algen, Fenchelsamen, Pflaumen, zum anderen eine Mischung aus Kombu, Arame, Wakame, Hijiki und wiederum Fenchelsamen und Pflaumen. Beide haben mineralisierende, entgiftende und gleichzeitig stärkende Wirkung. Die erste Variante wird besonders gerne bei Schlankheitskuren eingesetzt.

Frisch oder trocken?

Frisch schmeckt Meeresgemüse natürlich am allerbesten. Aber leider werden Sie verhältnismäßig selten Gelegenheit haben, direkt in Neptuns Garten zu ernten. Vielleicht hat Ihr Fischhändler auch ein wenig Vorrat – womöglich mehr zu Dekorationszwecken – und tritt Ihnen davon etwas ab.

Frische Algen spülen Sie am besten unter fließendem Wasser ab, lassen das überflüssige Wasser durch ein Sieb abtropfen oder entfernen es in einer Salatschleuder und bewahren die Algen dann, wenn Sie sie nicht gleich verzehren, in einem geschlossenen Behälter im Kühlschrank auf. So halten sie sich acht bis zehn Tage.

Meistens werden Sie jedoch auf getrocknete Algen zurückgreifen müssen. Doch das ist nicht weiter schlimm, denn die Japaner sind wahre Meister im Trocknen und Verpacken. Getrocknete Algen halten sich normalerweise ein bis zwei Jahre. Diese lange Haltbarkeit ist auch in der Regel notwendig, denn Sie werden sehen, selbst wenn Sie zum leidenschaftlichen Meeressalatesser werden, verbrauchen Sie doch nur jeweils sehr geringe Mengen, so daß der Vorrat lange reicht. Ihr hoher Nährwert bei sehr geringem Gewicht und Platzbedarf macht die Algen übrigens zum idealen Reiseproviant.

Getrocknete Algen halten sich gut in einer dikken Papiertüte. Plastikbeutel sollten Sie möglichst vermeiden, da die Algen hier schnell faulen können. Eine dicht schließende Dose ist optimal; viele Algen werden deshalb gleich in Dosen verkauft. Falls die Algen einmal feucht werden sollten, können Sie sie kurz in den leicht vorgeheizten (niedrigste Stufe!) und dann abgestellten Backofen legen.

Getrocknete Algen sind lange haltbar, einfach zu verarbeiten und lassen sich in vielen Gerichten als schmackhafte Zutat einsetzen.

Entdecken Sie kleine weißliche Flecken auf den Pflanzen, handelt es sich normalerweise nicht um Schimmel, sondern um kristallines Meersalz, das unter Umständen erst nach längerer Lagerung an den Algen sichtbar wird. Die Qualität der Pflanzen wird dadurch jedoch nicht beeinträchtigt. Wenn Sie es aber etwas weniger salzig mögen, dann spülen Sie die Algen, bevor Sie sie verwenden, einfach kurz ab.

Trockenalgen vorbereiten

Nehmen Sie immer nur eine kleine Menge aus dem Vorrat der getrockneten Algen. Sie werden sehen, daß sie sehr ergiebig sind, weil sie beim Einweichen und Zubereiten stark quellen. Außerdem ist ihr Geschmack meistens so intensiv, daß eine kleine Menge wie ein apartes Gewürz schmeckt, mehr davon aber nicht unbedingt besser ist. Und nicht zuletzt sind die wertvollen Stoffe, vor allem Mineralstoffe, so konzentriert vorhanden, daß schon eine kleine Menge einen Großteil Ihres Tagesbedarfs deckt: Ein bis fünf Gramm pro Tag und Person sind bereits mehr als genug.

Sie werden bald feststellen, daß verschiedene Algenarten unterschiedlich stark quellen. Hijiki-Algen beispielsweise nehmen sehr viel mehr an Volumen zu als Arame. Gewisse Unterschiede sind natürlich auch durch die Art der Trocknung und Aufbewahrung bedingt.

Spülen Sie alle Trockenalgen kurz unter fließendem Wasser ab, und legen Sie sie dann zum Einweichen in ein wenig Wasser. Die Wassermenge sollte so bemessen sein, daß sich die Algen wieder bis zu ihrem ursprünglichen, natürlichen Zustand vollsaugen können, ohne dabei allzu weich oder gar »wabbelig« zu werden. Sie werden schnell ein Gespür dafür bekommen, wieviel Wasser Sie im Einzelfall brauchen und wie lange die Algen darin »schwimmen« müssen, um die richtige Bißfestigkeit zu erreichen.

Das Einweichwasser aber bitte nicht fortgießen! Es eignet sich vorzüglich zur geschmacklichen Bereicherung von Soßen, Suppen und Dips. Halten Sie es wie bei den Pilzen: Gießen Sie das Wasser nur langsam ab oder schütten Sie es durch ein Haarsieb, damit Sie sicher sind, daß kleine Sandreste zurückbleiben und nicht auf Ihrem Teller landen. Je nachdem, was Sie nun vorbereiten wollen, benötigen Sie die Algen in voller Länge und Breite oder aber zerkleinert. Wenn die Pflanzen sehr gut getrocknet sind, können Sie sie eventuell zwischen den Fingerspitzen zerbröseln, bevor Sie sie einweichen, oder aber Sie nehmen eine Schere zu Hilfe. Aber auch nach dem Einweichen können Sie die Algen auf einem Brett mit einem scharfen Messer noch in feine Streifen schneiden.

Wenn Sie die Algen großflächig verwenden wollen, etwa für Röllchen in der Art des japanischen Sushi, dann breiten Sie sie am besten faltenlos auf einem Brett aus, damit Sie sie zum Belegen griffbereit haben.

Welche Algen wozu?

Grundsätzlich unterscheiden wir hier zwischen geschmacksneutralen Algen, die zum Andicken und Gelieren verwendet werden, also auch ohne weiteres für süße Gerichte, Käse- oder Quarkspeisen in Frage kommen, und solchen, denen noch das Meeresaroma anhaftet. Letztere sind besonders gut geeignet, um den Geschmack von Fisch und Meeresfrüchten zu unterstreichen.

Manche Algen sind so zart, daß man sie gerne roh verzehrt: frisch oder getrocknet und kurz eingeweicht. Die festeren Sorten werden am besten gekocht – allerdings in keinem Falle zu lange und immer nur schonend. Gedünstet oder sautiert (kurz in der Pfanne gebraten) behalten sie ihren Geschmack, ihre Konsistenz und die Nährstoffe am besten. Einige »Wasser«gemüse halten auch problemlos einer längeren Kochzeit und höheren Temperaturen stand. Sie eignen

sich besonders gut für Gerichte in der kälteren Jahreszeit.

Nehmen Sie die Hinweise der hier folgenden Rezepte bitte nur als allgemeine Anregung. Die meisten Algen können großzügig untereinander ausgetauscht werden, je nach Geschmack oder je nachdem, was Sie gerade im Hause haben. Das gleiche gilt natürlich auch für die anderen Zutaten der Gerichte. Lassen Sie Ihrer Kreativität freien Lauf und variieren Sie die Rezepte nach eigenem Geschmack.

Tip: Verwenden Sie die Algen auch zur Dekoration, beispielsweise von Fischgerichten, denn Sie wissen ja: Die Augen essen mit.

Rezepte

Die Mengen sind, falls nicht anders angegeben, für vier Personen vorgesehen.

■ Vorspeisen

Die meisten der hier folgenden Rezepte können auch zu Hauptgerichten werden, wenn Sie die Mengen entsprechend erhöhen.

Krabbencocktail

Blattsalat, möglichst verschiedene Sorten und Farben
2 Möhren, fein geraffelt
1 Frühjahrszwiebel
150 g Krabben oder Garnelen (evtl. auch tiefgefroren)
1 Stück Weißkohl, fein geraffelt
1 TL Kapern, gehackt

frische oder getrocknete Algen je nach Geschmack
kaltgepreßtes Olivenöl
ein paar Tropfen Zitronensaft oder Apfelessig
Salz

Sie werden sehen, daß der Krabbencocktail ohne die sonst übliche Mayonnaise sehr viel leichter und bekömmlicher ist und mindestens genausogut schmeckt! Zuerst müssen Sie die Soße vorbereiten, indem Sie das Salz in dem Zitronensaft oder Apfelessig auflösen und das Öl dazugeben. Dann die geraffelten Möhren, die Algen und den Kohl zufügen. Die aufgetauten Krabben oder Garnelen gut abtropfen lassen oder, falls Sie frische gekauft haben, einige Minuten kochen und dann putzen. Die Schalentiere unter die Soße geben. Den gesäuberten Salat auf Schüsselchen oder in breiten Kelchen verteilen und die anderen Zutaten darauf dekorieren. Sofort servieren.

Herzhafte Petit-fours

Als »Unterlage« können Sie je nach Belieben in Dreiecke geschnittenes Toastbrot, Pumpernikkel oder Bauernbrot verwenden. Zur Dekoration eignen sich Kaviar, Scheiben von hartgekochten Eiern, Räucherlachs und Sardellenfilets, Räucherhering, Räucherforelle (Filets) oder Krabben, Garnelen, Hummerstückchen; dazu auch Oliven, kleine Tomaten oder Gemüsestücke.

Damit die Schnittchen den richtigen Geschmack bekommen, geben Sie zwischen Brot und Dekoration einen Aufstrich, der eine Spur Meeresalgen enthält. Die Aufstriche sind alle im Nu zubereitet, Sie brauchen sie nur in den Mixer zu »werfen« und zu vermengen.

Hier einige Vorschläge:

Variation 1

100 g Quark oder Hüttenkäse
1 Prise frische oder getrocknete Algen
1 EL gekochten Spinat oder ein paar rohe Spinatblätter
1 EL Petersilie
1 TL Majoran
1 Prise Peperoncino, Paprika oder Cayennepfeffer
Vollmeersalz und Olivenöl nach Bedarf

Variation 2

1 Dose Thunfisch natur
1 Prise frische oder getrocknete Algen
2–3 Blättchen Basilikum oder Majoran

1 EL Schnittlauch feingeschnitten (erst zum Schluß dazugeben)
Salz und Öl nach Bedarf

Variation 3

2 hartgekochte Eier
1 TL Gewürzkräuter (nach Belieben)
1 Prise frische oder getrocknete Algen
Zwiebel oder Knoblauch
schwarze und/oder grüne Oliven
Salz und Öl nach Bedarf

Variation 4

100 g Tofu
1 Prise frische oder getrocknete Algen
1 Knoblauchzehe
1 kleine Zwiebel
1 Salatgurke (kleingehackt, nachher dazugeben)
Salz, Öl, Essig, Paprika

Variation 5

30–40 g gekochten Reis
2–3 EL gemischte Gewürzkräuter (nach Belieben)
1 Prise frische oder getrocknete Algen
Öl und Salz nach Bedarf

Variation 6

1 Tasse Kartoffelbrei
1 Tasse gekochten Fisch (z. B. Reste einer Fischsuppe, siehe *Seite 66f.*)
1 Prise frische oder getrocknete Algen
Öl und Salz nach Bedarf

Fisch-Mousse

Sie können diese delikate Mousse auf frischem Salat reichen oder als Paté auf geröstetem Brot.

1 Seezungenfilet (oder einen ähnlichen Fisch)
150 geputzte und abgekochte Krabben (evtl. tiefgekühlt)
3 Möhren
1 Prise frische oder getrocknete Algen, (z. B. Wakame)
2–3 EL Mayonnaise
1 EL Tomatensoße
Öl und Salz nach Bedarf

Den Fisch dünsten und so vorbereiten, daß weder Haut noch Gräten daran haften.

Die Möhren gründlich bürsten und ganz fein raffeln. Alle Zutaten zusammen im Mixer pürieren, bis eine gleichförmig cremige Masse entsteht. Bis zum Verzehr kühl stellen.

Sushi

Die Japaner sind Meister im Herstellen dieser kleinen gerollten Kunstwerke, und nicht weniger Geschick erfordert es, sie mit den üblichen Stäbchen zu verzehren. Spießen Sie sie mit Zahnstochern auf, damit sie nicht auseinanderfallen. Die Zutaten müssen nicht exotisch sein. Versuchen Sie doch einmal folgendes Rezept:

100 g gekochten Reis (Vollkornreis)
1 Kombu-Blatt für jedes Sushi
Salz nach Bedarf

Variation 1

70 g gekochte Krabben
1 Prise Safran

Variation 2

70 g Prager Schinken
gehackter Thymian

Variation 3

100 g marinierte Sardellen
gehackte Petersilie

Variation 4

Tomatenstückchen
Oregano

Variation 5
100 g Bambus-Sprossen

Variation 6
100 g Schellfisch
1 Prise frische oder getrocknete Algen

Die Kombu-Algen können Sie nach dem Einweichen roh verwenden oder kurz dämpfen. Die Blätter ganz ausbreiten, einen Eßlöffel der Füllung (Reis mit einer der obigen Varianten) darauflegen und das Ganze zusammenrollen. Die Sushi mit dem Abschluß nach unten legen oder letzteren mit einem Zahnstocher fixieren.

Algenbrot

Das nordländische Originalrezept sieht eine Mischung von Weizen-, Roggen- und Gerstenmehl vor, aber auch Weizenvollkornmehl eignet sich vorzüglich. Wenn Sie keine Erfahrung im Brotbacken haben, lassen Sie sich einfach ein Stück Brotteig beim Bäcker geben. Verkneten Sie darin ein bis zwei Eßlöffel eingeweichte und kleingeschnittene Algen Ihrer Wahl, formen Sie einen großen Laib oder auch kleine Brötchen. Im vorgeheizten Backofen (220 °C, nach 10 min Backen auf 180–190 °C senken) ausbacken.

■ Salate

Heringssalat
4 Bismarckheringe
4 kleine Schalottenzwiebeln oder 1 Bund Schnittlauch
1 TL Apfelessig
1 EL Salatöl
1 Rote Bete
1 Msp. *Ulva lactuca* (»Meersalat«)
1 süßsaure Essiggurke (nach Belieben)
Dill (nach Belieben)
½ saurer Apfel

Die geschälten Schalottenzwiebeln und den gewaschenen Dill hacken, beziehungsweise den Schnittlauch in feine Röllchen schneiden. Essig und Öl verschlagen. Die Algen zerkleinern (falls trocken, zwischen den Fingerspitzen zerreiben). Den Hering in feine Streifen und die Gurke in Scheibchen oder Würfel schneiden. Die gekochte Rote Bete schälen oder würfeln, oder versuchen Sie es einmal mit geraffelter, roher Roter Bete. Den Apfel schälen und raffeln und ihn gleich mit etwas Zitronensaft oder Apfelessig beträufeln, damit er nicht braun wird. Alle Zutaten vorsichtig mischen und noch ein wenig ziehenlassen.

Insalata Mare

Wenn Sie den Duft der italienischen oder griechischen Küche auf Ihren Tisch zaubern wollen, dann besorgen Sie sich Warmwasserfische oder andere Meeresfrüchte. Ein Polyp eignet sich besonders, aber Sie können auch Kalmar, Moscardini (Tintenfisch) oder Krabben und Muscheln verwenden. Im folgenden Rezept finden Sie sehr viele Zutaten. Bedenken Sie aber, daß diese nicht alle vertreten sein müssen, variieren Sie!

1 Polyp von etwa 500 g
1 Kalmar
2 kleine Tintenfische oder Moscardini
1 Handvoll Miesmuscheln
1 Handvoll Venusmuscheln
1 Handvoll Krabben oder Garnelen
1 Paprikaschote gelb oder rot
1 EL fein gehackte Petersilie
1 Knoblauchzehe
1 große Kartoffel (macht den Polyp besonders zart und weich)
2 Möhren
1 TL Apfelessig oder Zitronensaft
1 TL *Ulva lactuca* (»Meersalat«) oder 1 Prise Hijiki
Salz
kaltgepreßtes Olivenöl

Die Paprikaschote putzen, zwei Minuten lang in einer Mischung aus Wasser und Essig (Verhältnis 1:1) abbrühen, in feine Streifen schneiden. Gleich die Soße aus Essig, Öl, Knoblauch, Petersilie und Algen anrühren und die übrigen Zutaten nach Zubereitung sofort hinzugeben.

Die Weichtiere unter fließendem Wasser reinigen; Kartoffel und Möhren putzen und alles in einen Dampfkocher geben. Bei kleiner Flamme 40 bis 50 Minuten garen lassen. Wenn Sie wollen, können Sie dem Polyp die Haut mit den Saugnäpfen abziehen. Dazu müssen Sie nur nach leichtem Abkühlen mit Daumen und Zeigefinger an seinen Fangarmen entlangstreifen, und zurück bleibt das weiße, wohlschmeckende Fleisch. Weichtiere und Gemüse in feine Streifen oder Stücke schneiden.

In der Zwischenzeit haben Sie die Muscheln gereinigt und im trockenen Kochtopf bei großer Flamme zum Öffnen gebracht. Abkühlen lassen und vom Gehäuse befreien. Muscheln, die sich auch bei nochmaligem Erhitzen nicht öffnen wollen, werfen Sie besser fort. Die Krabben oder Garnelen in kochendem Wasser einige Minuten lang abbrühen und sie von Kopf und Gehäuse befreien.

Besonders schmackhaft ist dieser »Insalata Mare«, wenn Sie ihn nach dem Zubereiten noch ein bis zwei Stunden zugedeckt im Kühlschrank ziehen lassen und vor dem Servieren leicht anwärmen (zum Beispiel unter dem Grill).

Räucherlachs-Salat

- 100 g Räucherlachs
- 4 Möhren
- 1 Bund Schnittlauch
- 1 Prise frische oder getrocknete Algen
- Salz
- Öl, Apfelessig nach Bedarf

Möhren putzen und fein raffeln. Den Lachs in kleine Würfel und den Schnittlauch in Röllchen schneiden. Aus den übrigen Zutaten eine Soße mischen und alles zusammengeben. Kühl servieren.

Großer Salatteller

- Blattsalat je nach Saison, z. B. Feldsalat oder Chinakohl
- Wurzelgemüse je nach Saison, z. B. Radieschen, Rettich, Möhren
- Tomaten
- Gurken
- 1 Dose Thunfisch
- 1 Prise frische oder getrocknete Algen
- frische oder trockene Gewürzkräuter (nach Belieben)

- Salz
- kaltgepreßtes Olivenöl
- frischer Zitronensaft (nach Belieben)

Die Algen zerreiben und im Öl etwas einweichen lassen. Gewürzkräuter zerkleinern, Salz im Zitronensaft auflösen und beides zu den Algen geben. Thunfisch abgießen, mit der Gabel leicht zerdrücken. Die Salate und Gemüse putzen, waschen und zerkleinern. Die Soße und den Thunfisch darübergießen.

■ Suppen

Algen-Minestrone

Minestrone ist eine italienische Gemüsesuppe, allerdings keine dünne Brühe, sondern sie ist so dick, daß der Löffel fast darin stehenbleibt, und recht nahrhaft.

Sie können die Zutaten je nach Jahreszeit variieren. Hier nur einige Vorschläge:

- 100 g Nudeln oder Reis
- 2–3 Möhren
- ¼ Wirsing oder Weißkohl
- 2 Kartoffeln
- 1 Stange Porree oder 1 Zwiebel
- Stangen- oder Knollensellerie

Kürbis, Kohlrabi, Erbsen oder Böhnchen
Mangold, Zucchini, Tomaten
1 Prise frische oder getrocknete Algen,
z.B. Hijiki oder Wakame

Wenn Sie die Kochzeit abkürzen wollen, schneiden Sie die Zutaten so zurecht – am besten mit der Küchenmaschine in nicht allzu feine Streifen –, daß sie alle zur selben Zeit gar werden. Die Kartoffel am besten in Viertel oder Achtel schneiden. Am Anfang nicht allzuviel Wasser hinzugeben. Sie können die Minestrone auch im Dampfkochtopf zubereiten, wenn Sie das Ventil so einstellen, daß 100 Grad Celsius nicht überschritten werden.

In einem anderen Topf 100 g Nudeln (kurzes Format, zum Beispiel kleine Makkaroni) oder Reis in Salzwasser kochen. Sobald das Gemüse gar ist, einen Teil davon (vornehmlich Kartoffeln, Möhren und eventuell Kürbis) herausnehmen, kurz pürieren oder durch ein Sieb streichen und wieder zum restlichen Gemüse geben. Erst jetzt Salz, Algen, Gewürzkräuter und zwei Eßlöffel kaltgepreßtes Olivenöl hinzugeben und die abgegossenen Nudeln oder den Reis hineinmischen. Wenn Sie das I-Tüpfchen mögen, dann geben Sie einen Löffel »Pesto« (Basilikumsoße) darauf.

Fischsuppe

Fast jedes am Meer gelegene Städtchen hat sein eigenes, ganz spezielles Rezept für Fischsuppe. Versuchen Sie doch einmal nach Herzenslust und nach verfügbarem Fisch Ihre eigene Kreation. Nach ein oder zwei Versuchen haben Sie bestimmt ein Gefühl dafür entwickelt. Im folgenden ein paar Anregungen:

Was manche Tischgenossen von einer Fischsuppe abschreckt, ist die viele Arbeit bei Tisch, wenn nämlich, wie bei manchen Suppen üblich, noch Gräten, Köpfe und Haut auf dem Teller landen. Wenn Sie sich als Koch oder Köchin die Mühe machen, vorher das Eßbare vom Ungenießbaren zu trennen, dann wird das Fischsuppe-Essen für alle ein großes Vergnügen.

Tip: Verschiedene Fischfilets eignen sich auch für Suppen vorzüglich. Tiefgekühlte und bereits eßfertige Krabben und Muscheln machen keine Arbeit und sind (fast) so schmackhaft wie frische.

Variation 1
½ l Tomaten »salsa« (also Püree, kein Konzentrat!)
1–3 Knoblauchzehen
1 Msp. bis ½ TL Peperoncino oder Paprika
1–2 dicke Zwiebeln

2–3 EL frische Algen oder 1 TL Trockenalgen
3 EL kaltgepreßtes Olivenöl
2–3 Kalmare
ein paar Tintenfische oder Moscardini
2–3 verschiedene Fischfilets (Lachs, Seezunge, Scholle oder andere Fische mit wenig Gräten)
Salz
Wasser oder Weißwein nach Bedarf (evtl. beim Kochen nachfüllen)

Die Weichtiere am besten vorab mit den Gewürzen und den Tomaten aufsetzen, aber nur leise durchziehen lassen, bis sie zart sind. Wenn die Suppe zu dick wird, Wasser oder besser noch Weißwein zugeben. Gegen Ende der Kochzeit die Filets vorsichtig hineinlegen und dann nicht mehr umrühren, sondern höchstens vorsichtig anheben.

Variation 2

Wenn Sie dem Rat Ihres Fischhändlers folgen und einige Fische verwenden, die der Suppe einen ganz wundervollen Geschmack geben, aber leider nur »Haut und Knochen« (sprich Gräten, Schuppen usw.) sind, dann machen Sie doch einfach getrennt eine Brühe davon:

Fische mit Suppengemüse wie Zwiebeln, Möhren, Sellerie, Algen und Petersilie auskochen. Entweder abseihen und nur die Brühe verwenden oder den Fisch vorsichtig herausnehmen und säubern. Die Brühe mit dem Gemüse in den Mixer geben und danach die Fischstückchen, Gewürze und kaltgepreßtes Olivenöl zufügen. Dieser Brühe können Sie dann nach Belieben Meeresfrüchte oder Fischfilets zufügen. Mancher Kenner schwört jedoch auf »pur« mit gerösteten Brotwürfeln oder -scheiben!

Variation 3

In der Provence steht man auf Fischsuppe mit mindestens einem Kilo Zwiebeln und reichlich Safran.

Tip: Wenn etwas von der Suppe übrigbleibt, zum Anmachen von Nudeln oder Reis benutzen!

Schnelle Meeressuppe

Fast so schnell wie eine Beutelsuppe, aber bestimmt schmackhafter ist diese Algensuppe.

1 EL getrocknete Hijiki oder Wakame
1 Knoblauchzehe
1 EL Sojasoße (Tamari)
Petersilie (evtl. getrocknet)
Salz nach Bedarf

Algen in einer Tasse Wasser einweichen. Etwas Wasser heißmachen, vom Herd nehmen und die anderen Zutaten zerkleinert zugeben. Algen hacken und zufügen. Salz ist wahrscheinlich nicht nötig, denn Tamari und Algen sorgen für einen kräftigen Geschmack.

Variation: Für eine etwas dickere Suppe zwei bis drei Eßlöffel Getreideflocken zufügen. Haferflocken und Reisflocken werden sehr schnell weich; andere Getreidearten müssen eventuell kurz aufgekocht werden.

Meeresgemüse-Suppe

3 Handvoll Algen (z. B. Arame)
3 große reife Tomaten (ca. ½ kg)
100 g Soja-Geschnetzeltes (trocken)
2 Knoblauchzehen
6–8 Blättchen frisches oder 1 TL getrocknetes Basilikum
1 Prise Thymian
etwas Weißwein (etwa 100 ml)
2 EL Olivenöl
pulverisiertes Peperoncino oder Paprika
Petersilie gehackt

Soja-Geschnetzeltes in der doppelten Menge heißem Wasser 20 Minuten lang einweichen. Algen in lauwarmem Wasser einweichen. Knob-

lauch und Algen in Öl dünsten, das Einweichwasser der Algen, die Gewürze und die Tomaten zugeben.

Zum Schluß Wein und die eingeweichten Sojastückchen zufügen. Bei offenem Topf zehn Minuten kochen lassen. 60 Milliliter kochendes Wasser zugeben und bedeckt weitere 15 Minuten kochen lassen. Zum Schluß Olivenöl, Peperoncino und Petersilie einrühren und mit geröstetem Brot servieren.

Kräftige Nudel-Bohnen-Suppe

150 g kleine Makkaroni
150 g frische oder 80 g getrocknete Saubohnen »borlotti« oder andere Saubohnen
1 TL getrocknete oder 1 »Blatt« frische Algen, z. B. Kombu
1 große Zwiebel
2 Knoblauchzehen
1–2 reife Tomaten
1 Stück Speckschwarte oder 50 g durchwachsenen Speck
1 Stück Knollensellerie oder 1 Stange Sellerie
3 Möhren
3 EL Olivenöl
Kräutersalz, Petersilie, Pfeffer oder Peperoncino

Der Speck macht die Suppe schmackhafter, verlängert aber die Zeit, die sie im Magen verweilt. Getrocknete Bohnen am Vorabend in kaltes oder lauwarmes Wasser zum Einweichen legen. Eventuell das Einweichwasser einmal oder mehrmals wechseln, danach fortschütten. Durch gutes Einweichen der Hülsenfrüchte verhindert man die lästige Gasbildung im Darm.

Das Gemüse putzen, kleinschneiden und mit den Algen, dem gewürfelten Speck oder der ganzen Schwarte und den Bohnen in kaltem Wasser aufsetzen, so daß alles gerade bedeckt ist, und garen. Die Algen sorgen für einen besonders feinen Geschmack und machen Hülsenfrüchte leichter verdaulich.

Einen Teil, ungefähr die Hälfte, des Gemüses im Mixer pürieren oder durch ein Sieb streichen und wieder zu dem restlichen Gemüse geben. Dadurch wird die Suppe besonders sämig. Die Makkaroni in reichlich sprudelnd kochendem Salzwasser bißfest garen und abgießen. In die Gemüsesuppe geben. Mit Kräutersalz und frischgemahlenem Pfeffer oder Peperoncino abschmecken, Olivenöl dazu, mit frischer Petersilie dekorieren. Schmeckt auch lauwarm oder im Sommer kalt sehr gut!

Ligurische Powersuppe

400 g frische oder 180 g getrocknete Hülsenfrüchte: Erbsen, Linsen, Kichererbsen, kleine weiße oder schwarze Bohnen (zu gleichen Teilen)
500 g Suppengemüse je nach Saison
2 EL frische oder 2 TL getrocknete Gewürzkräuter, z. B. Thymian, Bohnenkraut oder Majoran
ein paar Blättchen frisches Basilikum
1 Stück Kombu
2 EL Tomatenpüree oder 1 frische, gehäutete Tomate
Salz
kaltgepreßtes Olivenöl

Getrocknete Hülsenfrüchte vorweichen wie in »Bohnensuppe« (siehe *links*) beschrieben. Die Algen, das unzerkleinerte Suppengemüse und die Hülsenfrüchte knapp mit kaltem Wasser bedecken und ohne Salz (!) 10–15 Minuten garkochen. Suppengemüse herausnehmen und pürieren oder kleinschneiden und wieder dazugeben. Frische Tomate kurz in kochendes Wasser legen, häuten, würfeln und in die Suppe geben oder Püree benutzen. Mit Salz und Kräutern abschmecken. In die Teller füllen, kaltgepreßtes Olivenöl dazu und zerpflückte Basilikumblätter darauf verteilen. Nach Belieben mit gerösteten Brotwürfeln oder -scheiben servieren.

Muschelsuppe

Diese Suppe wird leicht zum Hauptgericht, vor allem, wenn man noch einen Salatteller oder eine andere Vorspeise plant.

- 2,5 – 4 kg Miesmuscheln
- 1 Bund Petersilie
- 1 Prise frisch gemahlener Pfeffer
- 4–6 EL Tomatenpüree
- 4 Knoblauchzehen
- 1 TL frische oder getrocknete Algen
- 3 EL Olivenöl

Die gesäuberten Muscheln ohne Wasser zusammen mit zwei Knoblauchzehen, den Algen und einem Drittel der Petersilie in den Kochtopf geben, schließen und bei starker Flamme so lange stehenlassen (etwa drei bis fünf Minuten), bis sich die Muscheln geöffnet haben. »Widerspenstige« Muscheln können etwas länger brauchen; wenn sie sich auch dann nicht öffnen, sollten sie nicht verzehrt werden. Auch Muscheln, deren Schale nicht intakt ist, sollten Sie aussortieren. In der Zwischenzeit das Öl leicht erhitzen, die restliche Petersilie und den Knoblauch,

beides gehackt, Peperoncino und das Tomatenpüree dazugeben und einige Minuten bei kleiner Flamme leicht durchziehen lassen. Die Muscheln abgießen, den Sud auffangen und filtern. Beides in die vorbereitete Soße geben, mischen und sofort servieren.

■ Beilagen

Pikanter Kartoffelsalat

- 8 große Kartoffeln
- 1 Dose Thunfisch oder Makrelen natur
- 1–2 Prisen frische oder getrocknete Algen
- 2 kleine Essiggurken
- 1/8 l Gemüsebrühe
- Salz und Öl nach Bedarf

Die Kartoffeln kräftig unter fließendem Wasser bürsten und mit der Schale kochen. Noch warm pellen und dann ein paar Stunden erkalten lassen. Den Fisch zerdrücken, die Essiggurken in kleine Würfel schneiden und Algen, Salz und Öl nach Geschmack hinzugeben. Die gekochten Kartoffeln in Scheiben schneiden, die warme Gemüsebrühe darübergießen und vorsichtig alle Zutaten untereinanderheben. Möglichst noch lauwarm servieren.

Reissalat

- 200 g Vollkornreis
- ½ l kochendes Wasser
- gemischtes Gemüse, z. B. Paprika, Möhren, Zucchini, Radieschen, Sellerie, reife, aber sehr feste Tomaten
- ½ TL frische oder getrocknete Algen, z. B. Hijiki
- frische oder getrocknete Gewürzkräuter, z. B. Majoran, Thymian, Melisse, Minze, Estragon, Dill
- 1 EL gehackte Kapern
- 2 EL Sonnenblumenkerne (nach Belieben)

Den Reis in einem Sieb abspülen, kräftig schütteln und so in den heißen Dampfkochtopf geben. Unter Rühren trocknen lassen und dann das kochende Wasser auf einmal dazugeben. Den Topf schließen und bei kleiner Flamme ungefähr 45 bis 50 Minuten garen lassen. Erst am Schluß der Garzeit Salz und Öl hinzugeben; so setzen Sie das Öl nicht der starken Hitze aus. Das Gemüse putzen, würfeln und mit Salz bestreuen. Bedeckt etwa eine halbe Stunde stehenlassen und dann das Wasser, das sich angesammelt hat, abgießen. Algen und Gewürzkräuter, Kapern und Sonnenblumenkerne hacken und alle Zutaten vermischen. Lassen Sie den Reissalat etwa eine halbe Stunde bedeckt durchziehen, und servieren Sie ihn möglichst noch lauwarm.

Variation: Versuchen Sie auch einmal, dem Reissalat Saubohnen »borlotti« zuzugeben; dann wird er allerdings zum Hauptgericht.

»Farinata«, Flachbrot aus Erbsen oder Kichererbsen

- 100 g Mehl aus getrockneten Erbsen oder Kichererbsen
- 1 Tasse Wasser
- 3–4 EL Öl
- 1 EL getrockneten oder frischen Rosmarin
- 1 Prise frische oder getrocknete Algen
- Salz

Falls Sie das Erbsenmehl nicht im Handel finden, können Sie ohne weiteres die getrockneten Erbsen in der Kaffeemühle oder in der Getreidemühle zermahlen.

Mehl mit dem Öl und soviel Wasser verrühren, daß ein recht fester Teig entsteht. Abdecken und etwa zwei Stunden ruhen lassen. Algen einweichen und zerkleinern. Rosmarin waschen, abtrocknen, die »Blättchen« vom Stiel zupfen und mit einem großen Messer etwas zerhacken. Bereits getrocknetes Rosmarin kann man auch zwischen den Händen zerkleinern. Alle Zutaten zusammengeben. Ofen vorheizen (180 °C). Ein Backblech mit Backpapier auslegen, leicht einfetten (mit Öl bepinseln), die Teigmasse sehr dünn darauf verstreichen. Bei milder Hitze (140–150 °C) ungefähr 15 Minuten ausbacken.

Der Erbsenkuchen ist hellgrün, der aus Kichererbsen goldgelb. Beide schmecken sowohl warm als auch kalt sehr gut. Geeignet als Beilage zu Gemüse und Suppen, in die man sie auch kleingeschnitten direkt hineingegeben kann.

Tip: Sie können auch die Reste von gekochten Erbsen oder Kichererbsen verwenden. Sehr gut abgießen, auspressen und eventuell Paniermehl hinzufügen, um die notwendige Konsistenz zu erzielen. Hier kein Wasser, sondern nur Öl zufügen.

Linsen, ganz leicht

Es gibt winzig kleine Linsen, die in etwa zehn Minuten gar sind und die man vorher nicht einweichen muß. Größere Linsen dagegen weicht man am besten, wie unter »Bohnensuppe« (siehe *Seite 69*) beschrieben, vor.

- 200 g Linsen
- 2 Möhren (möglichst mit frischem Grün)
- 1 Zwiebel
- 1 Gewürznelke
- 1 getrocknetes Lorbeerblatt
- 1 Stange Sellerie
- 1 EL Olivenöl
- 1 TL frische oder getrocknete Algen
- Salz

Die Gewürznelke in die geputzte Zwiebel stecken. Etwas von dem frischen Möhrengrün waschen und kleinhacken. Falls man kleine Linsen benutzt, das Gemüse raffeln, damit es die gleiche Garzeit wie die Linsen hat, andernfalls läßt man es ganz. Linsen mit dem Gemüse und den Algen in etwa der doppelten Menge kaltem Wasser aufsetzen und garkochen. Nelke aus der Zwiebel nehmen, Lorbeerblatt entfernen. Gemüse eventuell zerkleinern oder zerdrücken und wieder zu den Linsen geben. Überschüssiges Wasser abschütten und erst zum Schluß Salz und Öl dazugeben.

Diese Linsen sind eigentlich ein Hauptgericht, das man am besten mit Salat und Brot serviert. Sie eignen sich aber auch als Beilage zu Getreidegerichten aller Art. Oder man gibt sie direkt auf oder unter die Nudeln, den Reis, die Gerste oder die Polenta.

Tip: Mögliche Reste lassen sich noch ausgezeichnet für eine Suppe verwerten.

■ *Nudelgerichte*

Felsenspaghetti

Dieses Gericht nennt man so, weil die Schalentiere, die typisch für dieses Gericht sind, für gewöhnlich an Felsenklippen leben.

250–300 g Hartweizenspaghetti
2–3 l Salzwasser
4 EL kaltgepreßtes Olivenöl
600 g Meeresfrüchte: Miesmuscheln,
Venusmuscheln, Krabben, Garnelen
½–1 TL frische oder getrocknete Algen,
z. B. Dulse oder *Ulva lactuca* (»Meeressalat«)
3–4 sehr reife Tomaten (oder evtl. Tomatensoße, aber bitte kein Ketchup!)
1 TL Oregano oder Majoran
1 EL gehackte Petersilie
2–3 Blättchen Basilikum
1 Schalotte oder kleine Zwiebel
1 Knoblauchzehe
1 Spur Peperoncino
1 Stange Sellerie (nach Belieben)

Die Meeresfrüchte vorbereiten, wie im Rezept »Insalata Mare« beschrieben (siehe *Seite 64*). Die Tomaten waschen und einige Sekunden lang in kochendes Wasser tauchen. Wenn Sie dann die Haut einritzen, läßt sich diese ganz leicht abziehen. Die Tomaten in Stücke schneiden und den Saft ablaufen lassen.

Alle anderen Zutaten (Algen, Zwiebeln, Gewürze) kleinhacken und mit den Tomaten vermischen. Das Salzwasser sprudelnd zum Kochen bringen und die Spaghetti abkochen. Sie müssen noch bißfest, »al dente«, sein.

Sobald die Spaghetti kochen (ab und zu rühren und nie vom Kochen abkommen lassen!), die Soße auf kleiner Flamme erwärmen und ganz leicht durchköcheln lassen. Erst kurz vor dem Anrichten die Meeresfrüchte und das Olivenöl dazugeben und leicht miterwärmen. Die Spaghetti abgießen, sofort mit der Soße anrichten und servieren.

Spaghetti in der Folie

Diese Spaghetti – Sie können auch eine andere Nudelform, zum Beispiel Tagliatelle, wählen – sind ganz besonders schmackhaft, weil das Aroma der Soße die Nudeln ganz durchdringen kann, während sie in der Folie kurz zusammen durchgaren. Damit die Spaghetti dabei nicht zu weich werden, müssen Sie die Kochzeit im Salzwasser etwas kürzer halten. Zu diesem Gericht können Sie übrigens wunderbar Fischreste von der Fischsuppe (siehe *Seite 66f.*) oder dem »Insalata Mare« (siehe *Seite 64*) verwenden (Fisch nie lange aufheben!). Es ist also im Prinzip eine Soße wie bei den »Felsenspaghetti«, eventuell angereichert mit anderem Fisch oder mit Weichtieren.

Vergessen Sie aber nicht, wie üblich eine Prise frische oder getrocknete Algen dazuzugeben, denn dadurch bekommt das Gericht den ganz besonderen Pfiff.

Pro Person einen halben Meter Alufolie auf dem Küchentisch ausbreiten. Die sehr »al dente« gekochten Nudeln in Portionen darauf verteilen, so daß sie in der Mitte liegen und der Rand der Folie groß ist. Die Soße darüber geben, und die Folie schließen. Geben Sie die Folien noch fünf bis acht Minuten in den auf etwa 150 °C vorgeheizten Backofen und bringen Sie sie dann auf den Tisch. Vorsicht, nicht allzusehr mit dem Besteck auf der Alufolie kratzen, damit keine Aluminiumreste mitgegessen werden! Sicherer, wenn auch weniger dekorativ, sind Folien aus Backofenpapier.

Spaghetti Mare

Dieses Gericht ist schnell zubereitet. Es dürfen natürlich auch andere Nudelformen sein, Hauptsache zu 100 Prozent aus Hartweizengrieß.

250 g Nudeln
2–3 l sprudelnd kochendes Salzwasser
2–3 Anchovis-Filets (aus dem Glas; in Salz oder Öl eingelegt)
1 frische Alge, 1 Prise Algenpulver oder
1 eingeweichte Hijiki oder Nori
3–4 EL kaltgepreßtes Olivenöl
1 Knoblauchzehe

Die Anchovis-Filets mit der Gabel direkt in einer Pfanne bei leichter Hitze zerdrücken und 2–3 Minuten garen lassen. Die kleingehackte oder gepreßte Knoblauchzehe, die gehackte Alge und das Öl hinzugeben, ohne es jedoch zum Kochen zu bringen. Die bißfest abgekochten Nudeln sofort damit anmachen.

Spaghetti Vegetaria

300 g Spaghetti oder eine andere Nudelform (evtl. Vollkorn)
⅛ l Tomatensoße oder 400 g frische, gehäutete und gewürfelte Tomaten
1 Handvoll Arame-Algen
2 EL Kapern (ca. 20 Stück)
1 Handvoll grüne und/oder schwarze Oliven (nach Belieben)
2–3 Knoblauchzehen
2 EL kaltgepreßtes Olivenöl

4 EL Weißwein
1 Prise Thymian oder Majoran
etwas Sojasoße
Salz

Die Algen abspülen und in lauwarmem Wasser einweichen. Die Koblauchzehen in Scheibchen schneiden und bei ganz kleiner Flamme im Öl weichdünsten. Arame-Algen zerkleinern und etwa drei Minuten mitdünsten lassen. Wein und Sojasoße zugeben und bedeckt weitere fünf Minuten ziehen lassen. Den Deckel von der Soße nehmen und kurz aufkochen lassen. Tomaten, Oliven, Kapern und Gewürzkräuter zugeben und kurz mitziehen lassen. Die Nudeln in sprudelnd kochendem Salzwasser bißfest kochen und mit der Soße übergießen. Eventuell noch Olivenöl oder Peperoncino zugeben.

■ *Reisgerichte*

Grundrezept für Risotto

300 g Reis (Vollkorn oder geschält)
2½- bis 3fache Menge an Wasser, Gemüse- oder Fleischbrühe
2 TL Vollmeersalz
1 EL Olivenöl, Vermouth oder Weißwein

Den Reis im Öl, Vermouth oder Weißwein unter ständigem Rühren bei kleiner Flamme andünsten. Mit dem kochenden Wasser oder der Brühe ablöschen; jeweils nur eine Tasse Wasser zugeben und häufiger umrühren. Weißer Reis ist in etwa 20 Minuten weich, Vollkornreis benötigt ungefähr 50 bis 60 Minuten. Deshalb kann man den Vollkornreis auch im Dampfkochtopf andünsten und dann bei geschlossenem Deckel zu Ende kochen – in dem Fall sind etwa 20 bis 25 Minuten ausreichend.

Bei der Soße sind der Phantasie kaum Grenzen gesetzt. Wenn man Fisch nehmen will, sollte man ihn allerdings von Haut und Gräten befreien. Auch Schalentiere kann man, wenn man will, schon so vorbereiten, daß die Gäste keine Arbeit mehr haben. Allerdings machen sich eine oder zwei Schalen mit Inhalt gut als Dekoration.

Risotto Mare

Grundrezept für Risotto wie *links*.

1 Weißling oder Dorsch
2 Tintenfische
500 g Muscheln
200 g Krabben
½ TL frische oder getrocknete Meeresalgen
1 Zwiebel

1 Knoblauchzehe
1 Bund Petersilie, feingehackt
3 EL gemischte Kräuter, z. B. Thymian,
Majoran, Basilikum, Schnittlauch
3 EL Olivenöl
Vollmeersalz
½ kg frische reife Tomaten oder 1 Tasse
Tomatensoße

Algen einweichen und hacken. Kräuter fein hakken und zusammen mit Zwiebeln und Knoblauch bei kleiner Flamme leicht andünsten. Die Tomaten häuten, würfeln (oder Tomatensoße), damit weitere vier bis fünf Minuten bei kleiner Flamme dünsten. Den gekochten (je nach Größe 10–50 min) und zerkleinerten Fisch und die gegarten Meeresfrüchte (siehe *Seite 64*) dazugeben, abschmecken. Reis mit Salz abschmecken, die Fischsoße vorsichtig unterheben. Falls der Fisch Flüssigkeit gebildet hat, diese beiseite lassen und nicht unter den Reis heben. Warm servieren.

Risotto Nero (Schwarzer Risotto)
Grundrezept für Risotto wie auf *Seite 75*.

3–5 Tintenfische
3–4 reife Tomaten
4 EL Olivenöl
½ TL frische oder getrocknete Meeresalgen
1 Knoblauchzehe
1 EL Thymian
1 Kartoffel (davon wird der Tintenfisch besonders weich!)

Dieses Rezept hat seinen Namen von der schwarzen Tinte der Tintenfische, die sie ausstoßen, wenn sie vor Feinden fliehen. Die Tintenwolke gaukelt dem Jäger einen »Phantomtintenfisch« vor und lenkt ihn so ab.

Sie müssen beim Einkauf also darauf achten, daß die Tiere noch ihre Blase mit der Tinte haben. Die Tintenfische in leichte Salzlauge legen und diese zwei- bis dreimal erneuern, damit etwaige Sandreste gut ausgespült werden. Vorsichtig ausnehmen, damit die Tintenblase nicht beschädigt wird. Diese beiseite legen. Den Tintenfisch waschen, in feine Streifen schneiden und im Dampfkocher mit einer Kartoffel und wenig Wasser etwa 25 bis 40 Minuten (je nach Größe) weichkochen. Die Tomaten waschen, säubern und im Mixer pürieren. Thymian und Knoblauch hacken und mit den Tomaten einige Minuten dünsten. Die Tinte dazugeben. Reis, Soße und Tintenfisch miteinander mischen und servieren.

■ *Pizza*

Grundrezept für Pizza

> 400 g Mehl (Weißmehl oder Vollkornmehl)
> 20 g Bierhefe
> 4 EL Öl
> Salz
> lauwarmes Wasser nach Bedarf

Mehl auf ein Holzbrett oder in eine große Schüssel geben und mit den Händen eine Mulde formen. Die Bierhefe zerbröseln und in die Mulde geben, etwas lauwarmes Wasser, in dem ein Eßlöffel Salz aufgelöst ist, hinzugeben. Die Wassermenge kann je nach Beschaffenheit des Mehles variieren, im Schnitt ist es ein Wasserglas voll. Mit den Händen gut vermischen und kneten, bis ein weicher Teig entsteht, der sich leicht von den Händen und dem Brett oder der Schüssel löst. Mehrfach hochheben, kräftig auf das Brett schlagen und erneut durchkneten, davon wird der Teig noch weicher und elastischer. Zu einem runden Laib formen, kreuzweise mit dem Messer einschneiden, um das Aufgehen zu beschleunigen. Eine Schüssel mit Mehl ausstreuen, den Laib hineingeben und mit einem Tuch abdecken. An einer relativ warmen Stelle etwa zwei Stunden gehen lassen; der Teig soll etwa das doppelte Volumen erreichen. Wieder auf das Brett geben und erneut schlagen und kneten. Ein Backblech ausfetten, den Teig mit den Händen darauf bis zum Rand ausbreiten und belegen. In den auf etwa 220 Grad Celsius vorgeheizten Ofen schieben und ungefähr 15 bis 20 Minuten ausbacken lassen. Der Teig muß sich mühelos vom Blech lösen und knusprig, aber nicht zu hart sein.

Gleich servieren (kalte oder aufgewärmte Pizza ist je nach Belag oft schwer verdaulich!).

Pizza mit Meeresfrüchten

Grundrezept für Pizza wie *links*.

> 500 g Venusmuscheln und Miesmuscheln, nach Belieben auch Fisch (evtl. Reste)
> 3–5 EL Tomatensoße
> 1 TL Oregano
> 1 TL frische oder getrocknete Algen
> (z. B. Hijiki)

Die Muscheln in reichlich Salzwasser legen und das Wasser mehrmals wechseln. Schalen gründlich abbürsten. (Das ist natürlich nur dann notwendig, wenn der Fischhändler noch nicht dafür gesorgt hat.)

Die Pizza mit Öl bepinseln, mit der Tomatensoße bestreichen, Oregano darüber streuen, die zerkleinerten, eingeweichten Algen und die

Muscheln darauf verteilen. In den heißen Ofen schieben und ausbacken.

Pizza mit Sardellen

Grundrezept für Pizza wie auf *Seite 77*.

- 4 frische Sardellen, notfalls auch aus dem Glas, in Salz oder Öl eingelegt
- 300 g Tomaten (geschält, aus der Dose)
- 2 Mozzarella (oder notfalls Scheibenkäse)
- 2–3 kleine »Zweige« Algen
- 2 EL Öl

Algen kurz einweichen und im Mixer zusammen mit den Tomaten pürieren. Den Teig wie üblich bis zum Rand des Backbleches ausbreiten, Öl und Tomatensoße mit Algen darübergießen. Sardellen von Gräten und eventuell vom Salz befreien, in etwa ein Zentimeter lange Stücke zerkleinern und auf der Pizza verteilen. Zehn Minuten im vorgeheizten Ofen backen. Dann die in kleine Würfel oder dünne Scheiben geschnittenen Mozzarella darauf verteilen und zu Ende backen.

Sardinische Pizza

Grundrezept für Pizza wie auf *Seite 77*.

- ½ kg Zwiebeln
- 300 g reife Tomaten
- 100 g schwarze Oliven
- 8 Knoblauchzehen (oder nach Belieben weniger)
- 1 Döschen Anchovis-Filets
- 1 TL Algen
- 1–2 EL Oregano oder Thymian
- Öl, Salz, Pfeffer

Zwiebeln schälen und in dünne Scheiben schneiden. Bei ganz kleiner Flamme in abgedeckter Pfanne mit etwas Öl und den zerkleinerten, eingeweichten Algen vorsichtig weichdünsten; je nach Bedarf Wasser zugeben. Mit Salz und Pfeffer abschmecken. Die Pizza auf dem Blech ausbreiten, mit den Zwiebeln und Algen bedecken und die gewaschenen und in feine Scheiben geschnittenen Tomaten darübergeben. Die Anchovis-Filets etwas zerkleinern. Die Oliven halbieren und entsteinen. Den Knoblauch schälen und in feine Scheiben schneiden. Alles auf der Pizza verteilen und mit Oregano oder Thymian bestreuen und ausbacken.

Gemüsepizza

Grundrezept für Pizza wie auf *Seite 77*.

Für den Belag eignen sich verschiedene Gemüsesorten, am besten ein Gemisch aus mehreren, allerdings sollten sie bereits gekocht sein.

Auberginen, Paprika und Zucchini (gedünstet oder gegrillt)

Möhren und Fenchel (gedünstet)

gekochte Kartoffeln in Scheiben

½ TL Algen

3–4 Sardellenfilets

5–6 entsteinte Oliven

2–3 EL geriebener Käse

1 EL Kapern

1 reife Tomate

2 EL Olivenöl

Eingeweichte Algen, Sardellenfilets, Oliven, Öl, Kapern und Tomate zusammen pürieren. Auf dem Pizzateig verteilen, den geriebenen Käse darüberstreuen und mit dem Gemüse belegen. Ein wenig Öl darüber gießen und ausbacken.

Lachspizza

Grundrezept für Pizza wie auf *Seite 77.*

250 g frischer Lachs

50–60 g Räucherlachs

1 EL frische oder getrocknete Algen

3 EL Tomatensoße

1 Prise Peperoncino

Den frischen Lachs 8–12 Minuten dämpfen oder grillen und von Haut und Gräten befreien. Mit den eingeweichten Algen, dem kleingeschnittenen Räucherlachs und der Tomatensoße pürieren oder ganz fein hacken und abschmecken. Auf der Pizza verteilen und ausbacken.

■ *Hauptgerichte*

Servieren Sie zu den Hauptgerichten jeweils eine Beilage Ihrer Wahl.

Dorsch mit grüner Soße

600–800 g Dorschfilet

2 große Bund Petersilie

3 Zehen Knoblauch

3–5 EL Olivenöl

1 Prise frische oder getrocknete Algen

Kräutersalz, Salz

Algen kurz einweichen. Zusammen mit Petersilie und Knoblauch sehr fein hacken, Olivenöl und Salz zugeben. Es sollte eine weiche, fast flüssige Soße entstehen.

Dorschfilets waschen, mit Apfelessig abreiben und mit Kräutersalz bestreuen. Grillen oder dünsten. Falls sich Sud bildet, diesen vorsichtig abschütten, den Fisch mit der grünen Soße begießen und servieren.

Goldbrasse (Orade) mit Steinpilzen

- 4 Goldbrassen à 400–500 g
- 400 g frische oder 1 Handvoll getrocknete Steinpilze
- 2–3 Auberginen (nach Belieben)
- 1 Bund Petersilie
- 2 Knoblauchzehen
- 1 TL Algen
- 1 Zwiebel
- 2 EL Öl
- Kräutersalz und grobes Salz
- Ofenpapier oder Alu-Folie

Wenn Sie getrocknete Steinpilze verwenden, müssen Sie sie etwa 30 bis 40 Minuten bedeckt mit kaltem Wasser einweichen lassen. Dann vorsichtig im Wasser bewegen, damit sich eventuelle Sand- und Erdreste ablösen. Die Pilze aus dem Wasser nehmen. Frische Steinpilze putzen und in feine Streifen schneiden. Auberginen nehmen den Geschmack der Steinpilze bei der Zubereitung so vollkommen an, daß man ohne weiteres die Menge der Füllung auf das Drei- oder Vierfache erhöhen kann. Bei der Zubereitung von Fisch ist dies sogar vorzuziehen, weil dann das Pilzaroma nicht mehr zu sehr dominiert, sondern gut mit dem Ganzen harmoniert. Auberginen waschen, schälen, in feine Scheiben schneiden, mit Salz bestreuen und mindestens eine halbe Stunde ziehen lassen. Die Flüssigkeit fortschütten, denn darin sind die Bitterstoffe der Auberginen enthalten. Pilze, Auberginen, Zwiebel und Knoblauch mit Öl, Kräutersalz, vorgeweichten und kleingeschnittenen Algen weichdünsten. Eventuell etwas Weißwein oder Vermouth zugeben, falls das Gemüse zu trocken wird. Zum Schluß die feingehackte Petersilie beigeben. Fische ausnehmen und waschen. Mit grobem Salz oder einfachem Küchensalz bestreuen und unter den Ofengrill schieben, bis die Haut knusprig wird. Herausnehmen, die Haut vorsichtig abheben, die gehäuteten Fische mit etwas Kräutersalz bestreuen und nochmals unter den Grill schieben. Sobald die Fische auf der einen Seite gar sind, der Länge nach leicht einritzen und das Fleisch vorsichtig von der Hauptgräte lösen und beiseite stellen. Fische drehen und das Ganze wiederholen. Dabei lösen sich die Gräten sehr leicht vom Fischfleisch, so daß je ein Filet ganz bleibt. Vier große Stücke Folie ausbreiten, darauf jeweils die Hälfte eines Fisches legen, die Pilzfüllung darauf verteilen, die andere Fischhälfte darauflegen. Die Folie verschließen. Etwa zehn Minuten im vorgeheizten Backofen (ca. 150 °C) durchziehen lassen, dann in der geschlossenen Folie servieren.

Wolfsbarsch mit Artischocken

4 Wolfsbarsche à 400–500 g

6–8 Artischocken

¼ l Sahne oder Crème fraîche

1 Bund Petersilie

1 Prise frische oder getrocknete Algen

1 Knoblauchzehe

1 Bund Petersilie

etwas Majoran

etwas Weißwein

grobes Salz und Kräutersalz

Öl

Zitrone oder Essig

Ofenfolie (Papier oder Alu)

Essig- oder Zitronenwasser in einer Schüssel bereitstellen. Artischocken säubern: Den harten Teil vom Stiel entfernen, den restlichen Stiel schälen. Die äußeren, harten »Blätter« abzupfen. Mit einem scharfen Messer die Spitzen so weit abschneiden, bis nur noch der zarte Teil am Artischockenboden bleibt. Vorsichtig die »Blätter« auseinanderbiegen und den Artischockenboden vom »Heu«, den häufig vorhandenen Härchen, befreien, indem man den Boden mit dem Messer gut auskratzt. Artischocken in feine Scheiben schneiden und mit etwas Öl, Salz, Knoblauch und Weißwein weichdünsten. Sahne

oder Crème fraîche und gehackte Petersilie zufügen. Fisch ausnehmen und waschen. Mit grobem Salz (oder einfachem Küchensalz) bestreuen und unter dem Ofengrill von beiden Seiten knusprig werden lassen. Haut vorsichtig abziehen. Fischfleisch von den Gräten lösen. Vier große Folien ausbreiten, den Fisch darauf verteilen und mit der Artischockensoße übergießen. Folie verschließen und zehn bis 15 Minuten in den vorgeheizten Backofen (ca. 150 °C) geben. In der geschlossenen Folie servieren.

Steinbuttfilet mit Kirschtomaten

4 Steinbuttfilets (oder Zander) à 200 g

600 g Kirschtomaten oder kleine Strauchtomaten

1 Bund Petersilie

1 Bund Basilikum

1 Knoblauchzehe

3 EL Olivenöl

1 Glas Weißwein

1 Prise frische oder getrocknete Algen

Salz (am besten Kräutersalz), Peperoncino

Einen Eßlöffel Öl erhitzen, die gewaschenen und getrockneten Filets darin von beiden Seiten kurz anbraten. Herausnehmen und beiseite legen. Die Tomaten kurz in kochend heißes Wasser legen und häuten. Knoblauch und vorgeweichte Algen hacken und alles in der Fischpfanne mit dem Weißwein kurz dämpfen. Vorsicht, beim Umrühren nicht zermatschen! Mit Salz und Peperoncino abschmecken. Fisch mit dem gehackten Basilikum und der Petersilie wieder hineinlegen und kurz durchziehen lassen.

Hecht süßsauer

600–800 g Hecht in Scheiben oder Filets
3 EL Apfelessig
3 EL reinen Bienenhonig (z. B. Akazienhonig)
1 Prise frische oder getrocknete Algen
3 EL Joghurt
1 EL Öl
Kräutersalz

Den Hecht waschen, mit Küchenkrepp abtupfen und zusammen mit den Algen und dem Kräutersalz in den Apfelessig legen. Mindestens eine halbe Stunde (bis zu drei Stunden) im Kühlschrank ziehen lassen. Ab und zu wenden. Den Fisch aus der Lake nehmen, in dem Öl leicht anbraten und mit dem Sud ablöschen. Beiseite legen und den Sud mit Joghurt und Honig vermischen. Abschmecken und vom Herd nehmen. Fisch wieder hineinlegen und bei geschlossenem Deckel ein bis zwei Minuten durchziehen lassen.

Aal mit Olivensoße

12 Scheiben Aal, ca. 2 cm dick
1 Glas Weißwein
1 Prise frische oder getrocknete Algen
1 Tasse grüne oder schwarze Oliven
2 EL Olivenöl
1 Schalotte oder 1 kleine Zwiebel
Kräutersalz

Einige Oliven zur Dekoration beiseite legen. Die anderen entkernen und mit einem Eßlöffel Öl und der Schalotte oder Zwiebel im Mixer pürieren. Den Aal waschen und trockentupfen, mit Kräutersalz bestreuen und in einem Eßlöffel Öl zusammen mit den vorgeweichten und kleingehackten Algen kurz anbraten. Mit Wein ablöschen, das Olivenmark darunter mischen, mit den restlichen Oliven dekorieren und servieren.

Seeteufel

600–800 g Seeteufel, enthäutet
1 EL Öl
3 EL Weißwein
¼ l frische Sahne oder Crème fraîche
1 TL Algen

3 EL Kapern
Kräutersalz

Den Seeteufel zunächst in vier Zentimeter dicke Scheiben schneiden und diese dann vorsichtig so quer durchschneiden und aufklappen, daß eine große, zwei Zentimeter dicke Scheibe entsteht. Ein wenig flachklopfen und mit Kräutersalz einreiben. Algen im Wein weichdünsten, Fisch dazugeben und bei zugedecktem Topf 10 bis 15 Minuten dünsten. Große Kapern kleinhacken, kleine ganz lassen, mit der Sahne oder Crème fraîche vermischen. Auf den Fisch geben, vom Herd nehmen und noch ein bis zwei Minuten zusammen durchziehen lassen.

Karpfen in Meerrettichsoße

600–800 g Karpfen
1 Prise frische oder getrocknete Algen
50 g frischen Meerrettich oder fertige Meer-rettichsoße
2 EL Apfelessig
⅛ l Sahne
1 Glas Weißwein
Kräutersalz

Fisch in zwei bis drei dicke Scheiben schneiden (am besten vom Fischhändler schon schneiden lassen), waschen, abtupfen und mit Kräutersalz einreiben. Im Wein mit den zerriebenen Algen bei kleiner Flamme und zugedecktem Topf dünsten. Meerrettich schälen, abschaben oder kräftig unter fließendem Wasser bürsten. Ganz fein reiben, am besten in der Küchenmaschine und mit einer Brille, um die Augen vor dem Tränen zu schützen. Mit dem Apfelessig und Salz vermischen. Sahne vorsichtig darunterheben. Im Wasserbad oder bei ganz kleiner Flamme erwärmen. Fisch auf die Teller legen und die Meerrettich-Soße darübergießen.

Variation: Wer die Soße fettarm gestalten möchte, kann statt Sahne auch eine gekochte und zerdrückte Kartoffel nehmen. Falls die Soße Ihnen dann zu dick ist, können Sie sie mit etwas Milch verdünnen.

Lachsforelle in rosa Mayonnaise

4 kleine oder 2 große Lachsforellenfilets
1–2 EL Vermouth
6–8 EL Mayonnaise
2 TL Tomatenpüree
1 TL Hijiki-Algen
1 Bund Radieschen
Kräutersalz

Den Vermouth in eine ofenfeste Form gießen, die Filets mit der Haut nach unten hineinlegen, mit Kräutersalz bestreuen und unter dem Grill knusprig backen. Vorsichtig umwenden und die Haut abheben. Das geht jetzt ganz leicht, weil der Fisch halbgar ist. Auch die andere Seite mit Kräutersalz bestreuen und grillen. Die Algen kurz einweichen. In der Zwischenzeit Radieschen putzen, waschen, fein raffeln und mit Salz bestreuen. Die herausgetretene Flüssigkeit auspressen. Selbstgemachte oder fertiggekaufte Mayonnaise mit Tomatenpüree und Radieschen vermischen. Die Algen kleinhacken und vorsichtig unterheben. Die inzwischen abgekühlten Fischfilets mit der rosa Mayonnaise dekorieren. Sofort oder später gekühlt servieren.

Regenbogenforelle mit Salbeibutter

- 4 Regenbogenforellen
- 8 Zweige frischen oder
- 2 EL getrockneten Salbei
- 1 Prise frische oder getrocknete Algen
- 2 EL Öl
- 2 EL Butter
- Salz, Kräutersalz

Forellen ausnehmen und waschen. Von außen mit normalem Salz, von innen mit Kräutersalz bestreuen. Die Hälfte des Salbeis in die Forellen legen. Die vorgeweichten Algen und die Forellen im Öl anbraten und dann auf kleiner Flamme halbbedeckt zu Ende dünsten, bis die Augen weiß und das Fischfleisch fest geworden sind. Dann die Flüssigkeit abschütten. Die Butter in der Pfanne zerlassen, den restlichen Salbei dazugeben und kurz bei kleiner Flamme mit durchziehen lassen.

Heilbutt mit Kapernpaté

- 600–800 g Heilbutt
- 1 TL frische oder getrocknete Algen
- 4 EL Kapern
- 4 grüne Oliven
- 1 kleine Tomate
- 1 Prise Oregano oder Majoran
- 1 Knoblauchzehe
- 1 Prise Peperoncino
- 1–2 EL kaltgepreßtes Olivenöl
- Salz

Den Heilbutt waschen, abtupfen, salzen und nach Belieben dämpfen oder dünsten. Die Algen einweichen. Die Kapern abtropfen lassen (falls in Essiglake aufbewahrt) oder abspülen (falls in Salz aufbewahrt). Die Oliven entsteinen. Die Tomate in Scheiben schneiden und salzen, zehn Minuten ruhen lassen und dann gut auspressen. Nur den trockenen Teil verwenden. Algen,

Kapern, Oliven, Tomate, Gewürze und Öl im Mixer fein pürieren oder aber ganz fein hacken. Zum Fisch servieren oder direkt darüber streichen.

Scholle auf Kartoffelbett

- 4 Schollen
- 4–5 große Kartoffeln
- 2 Kombu-Algen
- Salz, Kräutersalz

Die Kartoffeln schälen, in ein Zentimeter dicke Scheiben schneiden und mit den Algen im Salzwasser vorsichtig halbgar kochen oder besser dämpfen, damit sie nicht zerbrechen. Mit dem Schöpflöffel herausnehmen und auf dem Backblech (auf Papierfolie) verteilen. Die gehäuteten und eventuell filetierten Schollen mit Kräutersalz bestreuen und auf die Kartoffeln legen. Mit den Algen dekorieren. Im Backofen (ca. 180 °C) ca. 15 Minuten oder unter dem Grill garen. Eventuell mit Zitronenbutter servieren.

Hering mit Marinade

- 4–8 Bismarck-Heringe
- 6–8 süßsaure Essiggurken
- 1 Bund Dill
- 1 Bund Schnittlauch
- 1 Glas Joghurt
- 1 TL frische oder getrocknete Algen

Die Algen einweichen und kleinschneiden. Die Gurken in feine Scheibchen schneiden. Dill und Schnittlauch waschen und hacken. Alles mit dem Joghurt vermischen und über die Heringe verteilen. Gekühlt servieren.

Hummer auf Algenreis

- 1 Hummer
- 250 g Vollkornreis oder besser noch wilden Reis
- ¾ l Wasser
- 1 Gemüsebrühwürfel
- 1 kleine Zwiebel
- 1 EL Öl
- 1 TL frische oder getrocknete Algen
- Salz

Hummer auf ein Brett binden und in kochendem Salzwasser 15 bis 20 Minuten garen. Das Wasser mit dem Brühwürfel zum Kochen bringen. Zwiebel würfeln und im Öl mit dem Reis und den Algen leicht andünsten. Die kochende Gemüsebrühe zugeben und häufig umrühren. Wenn der Reis kein Wasser mehr aufnimmt, Topf gut verschließen und warmstellen, bis der Reis von alleine ausgequollen ist. Das dauert etwa 45 bis 60 Minuten. Inzwischen das Hummerfleisch aus der Schale (hauptsächlich Schwanzteil) befreien und in Scheiben schneiden. Kleinere Stücke kann man würfeln und mit dem Reis vermischen. Den Reis als Hügel anrichten und die Hummerscheiben darauf dekorieren.

Gefüllter Lachs

- 1 ganzer Lachs
- 2 Eier
- 1 kg Zucchini
- 250 g Krabben
- 1 Brötchen
- 2 TL frische oder getrocknete Algen
- Salz, Kräutersalz
- frische oder getrocknete Gewürzkräuter

Den Lachs ausnehmen und waschen. Vorsichtig die Gräten herauslösen. Den Ofen vorheizen (180–200 °C) und das Blech mit Ofenpapier auslegen. Zucchini putzen und in Scheiben oder Würfel schneiden, mit Kräutersalz dünsten. Krabben abkochen und von den Schalen befreien oder tiefgekühlte, bereits gekochte und geschälte nehmen. Brötchen einweichen und gut ausdrücken. Algen einweichen und kleinschneiden. Gewürzkräuter waschen und hacken oder,

falls trocken, zwischen den Händen zerreiben. Alle Zutaten der Füllung gut miteinander vermischen und den Lachs damit füllen. Mit einer Schnur gut zubinden, damit die Füllung nicht herausfließen kann; eventuell deckt man die Öffnung noch mit etwas Papierfolie ab, bevor man sie verschließt. Den Lachs auf das Ofenblech legen und in den vorgeheizten Ofen schieben. Garzeit je nach Größe 40 bis 70 Minuten. Bei Tisch in Scheiben schneiden und servieren.

Fischaspik

- 400 g Fisch (Barsch, Dorsch, Schellfisch, Butt, Karpfen)
- Schalentiere (nach Belieben)
- Verschiedene Gemüse in möglichst leuchtenden Farben: Möhren, Essiggurken, Erbsen, Blumenkohlrosetten, Zucchini in Scheiben oder Würfeln, Radieschen
- 10 g Agar-Agar-Flocken oder Kanteen flakes
- 1 TL frische oder getrocknete Algen
- ½ l Wasser
- Kräutersalz

Den Fisch salzen und dünsten. Von Haut und Gräten befreien und in Stückchen teilen. Die Gemüse sehr schonend und kurz dämpfen, damit sie Form und Farbe behalten. Algen einweichen, ebenfalls weichdämpfen und kleinschneiden. Agar-Agar in dem kalten Wasser auflösen, zum Kochen bringen und einige Minuten unter Umrühren leicht weiterkochen lassen (Packungsanweisungen befolgen). Kräutersalz darin auflösen. Eventuell die »Standfestigkeit« kontrollieren, indem man eine kleine Menge auf eine Marmorplatte oder in ein sehr kaltes Gefäß gibt und nach dem Abkühlen leichten Druck darauf ausübt. Alle anderen Zutaten vorsichtig miteinander vermischen, die noch warme Gelatine darüber gießen, in eine hübsche Form füllen und im Kühlschrank erstarren lassen.

Tip: Legen Sie den Boden der Form mit dekorativen Gemüsescheibchen aus, diese sind nach dem Umstürzen deutlich sichtbar.

Vor dem Servieren die Form kurz in heißes Wasser tauchen, dadurch löst sich der Aspik ohne Bruchgefahr. Auf einen flachen Teller stürzen und servieren, erst bei Tisch aufschneiden.

■ Süßspeisen

Wer jetzt verwundert ist, der weiß wahrscheinlich nicht, wie oft er Algen oder deren Produkte bereits in Industrie-Konfekt, Eis und Süßspeisen aller Art verzehrt hat. Natürlich handelt es sich dabei nicht um die Algen mit dem typischen Salz- und Meeresgeschmack. Aber einige Schleimstoffe der Algen wie zum Beispiel Carrageen oder Algenextrakte wie Agar-Agar sind absolut geschmacksneutral. Sie eignen sich vorzüglich zum Festigen vieler Speisen, angefangen bei Pudding über Gelatine, »Gummibärchen« bis hin zu Eiscreme.

Joghurt-Erdbeer-Parfait

- 1 kg Erdbeeren
- 2 Becher Joghurt
- Honig (z. B. Akazienhonig)
- 1/4 l Wasser oder Apfelsaft
- 5 g Agar-Agar
- 1 EL Rohrzucker

Die Erdbeeren waschen, erst danach entstielen; dadurch geht der leckere Saft nicht im Waschwasser verloren. Die Erdbeeren halbieren oder vierteln und mit etwas Zucker bestreuen. Den Joghurt mit dem Honig mischen. Agar-Agar in dem kalten Wasser oder Saft auflösen und zum Kochen bringen. Bei kleiner Flamme unter Umrühren einige Minuten kochen. Etwas abkühlen lassen, dann alle Zutaten vorsichtig vermengen, in einzelne Schüsselchen oder in eine Form gießen, die vorher mit kaltem Wasser ausgespült wurden. Bis zum Servieren im Kühlschrank aufbewahren.

Variation: Die zerschnittenen Erdbeeren mit dem Zucker und eventuell mit ein bis zwei Eßlöffeln Likör oder dem Saft einer halben Zitrone stehenlassen, bis sie Saft gelassen haben. Diesen Saft mit zwei Eßlöffeln Erdbeeren pürieren und Agar-Agar darin auflösen, um eine rosa Gelatine zu erhalten.

Clementinen-Pudding

3 Clementinen oder Mandarinen
10 g Agar-Agar
1 Ei
1 EL Honig

Zwei Früchte auspressen, die dritte in Schnitze teilen. Das Eigelb vom Eiweiß trennen, das Eiweiß zu steifem Schnee schlagen. Agar-Agar in einem halben Liter kaltem Wasser auflösen und zum Kochen bringen. Bei kleiner Flamme und unter Umrühren einige Minuten oder nach Pakkungsanweisung weiterkochen. Den Saft hinzufügen und unter ständigem Rühren – während der Pudding langsam abkühlt – auch Honig, Eigelb und Eischnee zufügen. Den Boden der Schälchen mit den Fruchtschnitzen auslegen und den Pudding darübergießen. Bis zum Servieren im Kühlschrank aufbewahren.

Variation: Diese Süßspeise ist auch mit vielen anderen Früchten lecker und dekorativ. Zum Beispiel mit Kiwi, zum Teil in Scheiben, zum Teil im Mixer püriert. In diesem Fall können Sie eventuell das Ei weglassen.

Wußten Sie übrigens, daß einige exotische Früchte, wie Kiwi, Ananas und Mango, mit Gelatine tierischer Herkunft nicht steif werden, während mit pflanzlicher Gelatine (Algenextrakte) keine Probleme bestehen?

Tortenguß

Woraus besteht der Tortenguß in den Fertig-Tütchen? Natürlich aus Agar-Agar oder Carrageen. Plus Zucker, eventuell Stärke und meistens aus (synthetischen) Farbstoffen. Wer will, kann den Guß auch schnell selbst zubereiten:

5 g Agar-Agar oder Carrageen
¼ l Wasser, Fruchtsaft, Fruchtpüree oder Wein
3–4 EL Zucker oder Honig
ein paar Tropfen Zitronensaft (nach Belieben)

Algenflocken oder -pulver in der kalten Flüssigkeit auflösen und zum Kochen bringen. Unter ständigem Rühren bei kleiner Flamme zwei bis drei Minuten weiterrühren. Während die Flüssigkeit abkühlt, abschmecken. Noch lauwarm über den Kuchen gießen.

Panna cotta

Wörtlich heißt das »gekochte Sahne«. In Wirklichkeit wird die Sahne gar nicht gekocht, und sie macht auch nur einen Teil dieser köstlichen Speise aus.

- ¼ l frische Schlagsahne
- ¼ l Milch
- 3 EL Agar-Agar oder Kanteen (in Pulver oder Flocken)
- 200 g Zucker oder Honig
- ein Gläschen Likör, z. B. Maraschino oder Curaçao (nach Belieben)

Den Algenextrakt in der kalten Milch auflösen, zum Kochen bringen und unter Umrühren drei bis vier Minuten leicht kochen lassen. Unter Rühren abkühlen und allmählich mit Zucker oder Honig und eventuell Likör vermischen. Wenn die Mischung fast kalt ist, die sehr steif geschlagene Sahne vorsichtig unterheben. Im Kühlschrank mindestens 45 Minuten erstarren lassen. Wenn Sie sicher sein wollen, daß die »Panna cotta« wirklich fest ist, dann lassen Sie sie besser noch länger stehen.

Mousse au chocolat

- 30 g ungesüßten Kakao
- 180 – 200 g Zucker
- 3 Eier
- ⅛ l Sahne
- ½ TL Kanteen flakes
- Saft einer Apfelsine

Sahne mit der Hälfte des Zuckers steif schlagen. Die Eier mit dem restlichen Zucker schaumig rühren, dann den Kakao zufügen und nochmals kräftig schlagen. Apfelsinensaft mit den Kanteen flakes mischen, zwei Minuten unter Umrühren kochen, etwas abkühlen lassen und zu den Eiern geben, wiederum schlagen. Die Schlagsahne vorsichtig unterheben (oder nur kurz mixen). Im Kühlschrank ungefähr drei Stunden ruhen lassen. Testen Sie zuerst, ob die Mousse auch wirklich fest ist.

Quarkspeise

- 125 g Quark
- Saft einer Apfelsine oder einer anderen Frucht
- 3 EL Zucker oder Honig
- 1 TL Kanteen flakes
- 3 EL Milch
- 1 Tasse Schlagsahne

Quark mit Zucker oder Honig und Saft mixen. Kanteen flakes in Milch auflösen, zum Kochen bringen und etwa zwei Minuten unter Umrühren leicht kochen lassen. Etwas abkühlen lassen. Alle Zutaten vorsichtig mischen und im Kühlschrank etwa zwei Stunden oder länger erstarren lassen.

Tip: Diese Quarkcreme eignet sich vorzüglich als Zwischeneinlage bei Torten – eine natürliche und leichte Alternative zur Buttercreme!

Marmelade

Seit es Gelierzucker gibt, der in wenigen Minuten das Obst oder den Saft eindickt und zu Konfitüre, Marmelade oder Gelee werden läßt, ist das zeit- und vitaminraubende stundenlange Kochen überholt. Was aber, wenn Sie statt Zucker Honig oder andere natürliche Süßstoffe benutzen wollen oder wenn die sonnengereiften Früchte so süß sind, daß Sie eigentlich nur wenig oder gar keinen Zucker benötigen? Kein Problem, denn Algenextrakte, zum Beispiel Kanteen flakes, verleihen dem Obst in wenigen Minuten die gewünschte Konsistenz.

Obst oder Saft also nur zum Kochen bringen, Algenflocken oder -pulver (im Schnitt einen Eßlöffel pro halben Liter Saft) einrühren, einige Minuten unter Rühren leicht weiterkochen lassen und dann noch kochend heiß in die bereitgestellten, sterilisierten Gläser abfüllen und gleich verschließen. Auf diese Weise wird Obst haltbar gemacht, auch ohne Zucker. Allerdings sollten Sie darauf achten, daß das Glas, wenn es einmal geöffnet ist, im Kühlschrank aufbewahrt und innerhalb von ungefähr zwei Wochen verzehrt wird.

Tip: Die notwendige Menge der Algenextrakte bis zur gewünschten Steife testen: Etwas Marmelade oder Gelee zur Kontrolle auf eine kalte Platte gießen und schnell erstarren lassen. Falls es erforderlich ist, können Sie die Algenmenge ohne weiteres erhöhen.

Fruchtgelee-Stäbchen

Fruchtsaft nach Belieben süßen und mit Algenextrakt andicken, bis die gewünschte Konsistenz erreicht ist (siehe *oben*). Rühren Sie Kanteen flakes wie üblich in die kalte Flüssigkeit ein. Unter häufigem Rühren zum Kochen bringen und zwei bis vier Minuten weiterkochen lassen. Zum Abkühlen in eine flache Form gießen, so daß eine zwei bis drei Zentimeter hohe Schicht entsteht. Mindestens zwei Stunden im Kühlschrank ruhen lassen und dann in die gewünschten Formen schneiden. Nach Belieben in Kristall- oder Puderzucker wälzen.

■ *Getränke*

Smaragdcocktail

- 1 kleine Flasche Sekt
- 1 kleines Glas Vermouth, weiß
- 1 Schuß Wodka
- 1 Schuß Maraschino oder 1 EL Zitronensaft
- 2 *Chlorella*-Tabletten

Chlorella-Tabletten zerdrücken. Alle Zutaten mixen, zum Schluß den Sekt zugeben und sofort kühl servieren.

Alkoholfreier Smaragdcocktail

- ½ l Apfelsaft
- Saft einer halben Zitrone
- 2 *Chlorella*-Tabletten
- 1 Prise Zimt oder Vanille

Chlorella-Tabletten zerdrücken. Alle Zutaten gründlich mixen. Vor dem Servieren nochmals umrühren.

Minzdrink

Die leuchtende Farbe der handelsüblichen Pfefferminzgetränke ist meist »unecht«. Die hausgemachten Getränke sind zwar schmackhafter, duftend-aromatisch und nach Belieben weniger stark gesüßt, aber in der Farbe erheblich »blasser«. Die Zugabe von *Chlorella* frischt die Farbe auf und macht noch dazu ein mineralienspendendes Fitneß-Getränk daraus.

- 10 Blatt frische Minze
- 2 *Chlorella*-Tabletten
- Saft einer halben Zitrone
- ½ – 1 EL Honig
- ½ l Wasser

Chlorella-Tabletten zerdrücken, Minzeblätter hacken. Alle Zutaten gründlich mixen.

Joghurtdrink

- 1 Becher Joghurt
- 1 Glas Mineralwasser
- 1 Prise Peperoncino
- 1–2 *Chlorella*-Tabletten

Chlorella-Tabletten zerdrücken. Alle Zutaten gut mixen. Mit Minze- oder Basilikumblättern dekorieren.

Auf Ihr Wohl!

Register

Gudrun Dalla Via

Power-Nahrung fürs Gehirn

Tips und Rezepte

Wenn Verliebte Schokolade essen, liegt es nicht nur am guten
Geschmack: Der zarte Schmelz enthält – so wie viele andere
Lebensmittel auch – Substanzen, die unser Gehirn positiv
beeinflussen. Bananen zum Beispiel machen glücklich, Rosmarin
stärkt das Gedächtnis und Dill verhilft zu einem guten Schlaf.

Gudrun Dalla Via präsentiert mit ihrem Ratgeber einen
beeindruckenden Überblick über die Power-Nahrung für die grauen
Zellen. Sie beschreibt, wie Vitamine, Eiweiß, Fette und
Kohlenhydrate auf uns wirken, gibt Tips für Streßsituationen und
informiert darüber, ob der tägliche Löffel Lebertran wirklich
sinnvoll ist. Leckere Rezepte machen Appetit auf die gesunde
Nahrung für Gehirn und Gemüt.

vgs verlagsgesellschaft, Köln

Rowan Robinson

Hanf

Droge, Heilmittel, Mode, Faser

Hanf – Genußmittel, Nahrung, Heilmittel und Faserlieferant.
Aus dem geächteten Drogenkraut wurde inzwischen wieder ein
gepriesener ökologisch wertvoller Rohstoff.

Die Anwendungsmöglichkeiten dieser Pflanze scheinen
unerschöpflich: Hanf dient als Rohstoff für Kleidung, Kosmetik und
Papier. Als Arzneimittel ist er wirksam gegen Arthritis, Infektionen,
Atembeschwerden und vieles mehr. Hanfsamen sind ein perfektes
Nahrungsmittel – voller wertvoller Eiweiße und essentieller
Fettsäuren.

Dieses umfassende Kompendium enthüllt Nutzen und Bedeutung
des Hanfs für Ernährung und Medizin, als Werkstoff und
Energiequelle. Adressen von Herstellern, Händlern,
Forschungsinstituten und Organisationen sowie Literaturhinweise
ergänzen den vielseitigen Ratgeber.

vgs verlagsgesellschaft Köln